策划：王志峰 陈竹琴

运城六大文化掇英

黄勋会 王振川 编

山西出版传媒集团
山西人民出版社

图书在版编目（CIP）数据

运城六大文化掇英 / 黄勋会，王振川编. — 太原：
山西人民出版社，2019.6
ISBN 978-7-203-10831-3

Ⅰ. ①运… Ⅱ. ①黄… ②王… Ⅲ. ①地方文化—介
绍—运城 Ⅳ. ①G127.253

中国版本图书馆 CIP 数据核字（2019）第 077294 号

运城六大文化掇英

策　　划：王志峰　陈竹琴
编　　者：黄勋会　王振川
统　　筹：张胜涛
责任编辑：何赵云
复　　审：贾　娟
终　　审：张文颖
摄　　影：刘发明
装帧设计：火鸟工作室

出 版 者：山西出版传媒集团·山西人民出版社
地　　址：太原市建设南路 21 号
邮　　编：030012
发行营销：0351—4922220　4955996　4956039　4922127（传真）
天猫官网：http://sxrmcbs.tmall.com　电话：0351—4922159
E—mail：sxskcb@163.com　　发行部
　　　　　sxskcb@126.com　　总编室
网　　址：www.sxskcb.com

经 销 者：山西出版传媒集团·山西人民出版社
承 印 厂：运城市空港标新印务有限公司

开　　本：787mm×1092mm　　　1/12
印　　张：13⅓
字　　数：100 千字
印　　数：1—3000 册
版　　次：2019 年 6 月　第 1 版
印　　次：2019 年 6 月　第 1 次印刷
书　　号：ISBN 978-7-203-10831-3
定　　价：43.00 元

挖掘"六大文化"建设旅游强市

　　文化，乃历史之血脉、民族之魂魄。习近平总书记指出："文化是一个国家、一个民族的灵魂。文化兴国运兴，文化强民族强。没有高度的文化自信，没有文化的繁荣兴盛，就没有中华民族伟大复兴。"运城是中华五千年文明的重要发祥地之一，被誉为"华夏之根、诚信之邦、大运之城"，拥有独特的人类远古文化、黄河根祖文化、农耕源头文化、宗教信仰文化、河东民俗文化和红色革命文化。深入挖掘"六大文化"，打造华夏文明根祖文化国际旅游目的地，对于提升城市品牌、提高全社会文明程度、塑造发展软实力，加快推动大运城建设，具有重大而深远的战略意义。

　　运城历史文化异常久远。大约在7000万年前，由于造山运动和地壳变化，形成了著名的河东盐池。从此，这里就注定成为"华夏文明、根祖文化"的重要滥觞地。在过去相当长的时间，世界上一直认为最早的灵长类肇始于非洲，因而认定那里是人类最早的发祥地。然而，上世纪八九十年代，当中美科学家在运城垣曲发现距今4500多万年的世纪曙猿化石后，立刻引起了全球关注，这一发现把人类起源时间向前推进了1000多万年，被誉为人类进化的"第一缕曙光"。运城西侯度用火遗址的发现，见证了180万年前人类第一把文明圣火在这里点燃。距今70至100万年的匼河遗址、30至40万年前的南海峪遗址、6000年前西阴遗址以及5000年前的荆村遗址、东庄遗址等等，起源清晰、序列完整、脉络相续，充分证明了运城是远古人类繁衍生息的理想家园。特别是习近平总书记在2017年6月视察山西时讲到的"黄帝之妃嫘祖教民养蚕于夏县、后稷教民稼穑于稷山，唐代诗人卢纶《送绛州郭参军》中的诗句，炎天故绛路，千里麦花香"都发生在运城。运城是最应当称为华夏之根、文明之源的地方。

运城历史文化十分丰富。现存的历史文化遗迹有90处国保单位和26项国家级非遗项目，这些"国字号"文化符号在全国地级市中首屈一指。无论从什么样的角度来看，运城历史文化都显示出非同一般的丰富多彩。在浩瀚的历史长河中，河东大地为中华民族培养和造就了一代又一代、一批又一批名垂千古、彪炳史册的文武俊秀。晋商鼻祖猗顿、殷商贤臣傅说、忠节之臣介子推、战国外交家张仪、战国水利工程专家李冰父子、战国思想家荀子、蜀汉名将关羽、大唐名将薛仁贵、"八仙之一"吕洞宾、西汉史学家司马迁、北宋政治家司马光、"初唐四杰"之一的王勃、盛唐诗人王之涣、一代文豪柳宗元、"元曲四大家"之首的关汉卿、"戊戌六君子"之一的杨深秀，还有闻喜裴氏家族59位宰相、59位大将军，这些饮誉华夏的"国家级"历史文化名人达百人之多。

运城历史文化影响深远。在中华文明演进过程中，运城文化发挥着不可替代的作用。可以说，华夏文明、根祖文化，集中体现了运城文化的特质。以衣食住行为标志，嫘祖养蚕织得绢衣，后稷稼穑而食五谷，傅说版筑垒土成墙，风后奚仲造车一路畅行，晋商鼻祖猗顿以诚聚财，丰富了古中国物质文明。以琴诗书画为标志，尧舜琴声，诗经魏风，卫氏夫人书法，舜妹嫘首绘画，延续了古今文脉。同时，女娲补天、后羿射日、大禹治水等传说典故，已经成为浸润着华夏儿女奋斗不屈的精神印记。黄帝大战蚩尤促进民族合融，尧舜夏禹大道之行、志在天下为公，夏启商汤开辟新天地，晋文公魏文侯成就强国霸业，等等。这一切，不仅影响了华夏五千年文明，而且持续影响着中华文化的传承与发展。

运城历史文化资源独好。在"走进新时代，建设大运城"的总体布局中，要充分利用得天独厚的资源优势，统筹谋划"黄河板块、中条山板块、历史遗存板块、农业农村板块"四大旅游板块，打造关帝庙、盐湖、舜帝陵、新绛古城以及鹳雀楼、普救寺、大铁牛，永乐宫、李家大院等20个品牌景点，推出"后土祠黄河根祖文化游、舜帝关公忠孝文化游、鹳雀楼大唐中都文化游、裴氏宗祠古代将相文化游、永乐宫道教文化游、舜耕历山原始森林生态游"6条精品线路，加快建设面向广阔国际国内文化旅游市场的历史文化体验区、休闲康养度假区、农耕文明传承区，努力把运城打造成为华夏文明根祖文化国际旅游目的地。

《运城六大文化掇英》就是对运城历史文化的系统梳理、深入研究的一个显著成果。全书分六大部分，每一章节都分别突出了独具特色的文化精华，文字简洁、图文并茂，全面阐释了运城文化的民族意义、时代价值，以及在整个中华文明发展进程中作出的重大贡献和巨大影响。我们有理由相信，随着对"六大文化"研究的不断深入，随着对"六大文化"品牌的不断打造，世界对运城的了解会更加全面，运城走向世界的步伐会进一步加快，运城由文化旅游大市向文化旅游强市转变将指日可待。

中共运城市委书记

4

河东赋

（黄勋会）

　　大美分河东，得天地造化，蓄日月华光，何处不圣境？看中条翔凤，大河腾龙，盐湖风调七彩水，黄土地播万籁声。春夏秋冬，四季分明。神通气灵，运旺时盛。自有文人骚客，琴诗书画解风情。

　　一方高地，览古今精英。华胥女娲后土，扎华夏直根；神农轩辕蚩尤，启民族合融。尧舜夏禹，奠基中国；嫘祖后稷，发轫农耕。晋文公魏文侯成就强国霸业，关汉卿王之涣傲然人文高峰。一裴氏将相接武两千载，二司马史鉴资治八百朝。三王祖孙，思接落霞孤鹜；四大家族，荣显中华祖庭。吕祖纯阳，道骨仙风，化度天下众生；武圣关公，忠义仁勇，坐膺第一神明！

　　噫吁哉！故人西去，龙凤蝶变：上下五千年文明，纵横八万里蜚声。

　　俱往矣！鹳雀楼上望海流，叹官民同舟，荡人文双桨，发诚信棹歌，指日圆大梦！

目　录

黄河根祖文化

农耕源头文化

2017年6月，习近平总书记视察山西时谈到，黄帝之妃嫘祖教民养蚕于夏县、后稷教民稼穑于稷山。古有舜都蒲坂、禹都安邑之说。唐代诗人卢纶曾在其《送绛州郭参军》诗中咏及汾水下游丰收在望的麦景。习近平总书记提到的这五个地方都在运城。

在黄河母亲温暖的臂弯里，在百里盐池宽广的怀抱中，河东文明上承刀耕火种，下启伦理教化，穿过汉风唐雨，历经宋韵元声……在漫长的岁月里，在古老的河东这片土地上，厚植着人类远古文化、农耕源头文化、黄河根祖文化、宗教信仰文化、河东民俗文化、红色革命文化等"六大文化"，闪耀着人类文明的熠熠光辉。

人类远古文化

　　运城有跨越时空的人类远古文化。20世纪90年代，中美科学家共同考古发现的垣曲"曙猿"化石，把人类起源的时间向前推进了1000多万年，被誉为人类萌发的"一缕曙光"；180万年前的用火遗址——西侯度，见证了人类第一把文明之火在这里点燃；从芮城西侯度文化发端，历经匼河文化为代表的旧石器时代早期文化，丁村为代表的旧石器时代中期文化，运城远古文明和上古文明发展起源清晰、序列完整、脉络相续，演化进程从未间断。20世纪50年代以来，考古工作者在运城发现了200余处旧石器时代遗址和地点，是山西发现的旧石器时代遗址数量最多、时代最早的地市，充分证明运城是远古人类繁衍生息的理想家园。

人类远古文化之
垣曲世纪曙猿

世纪曙猿复原图

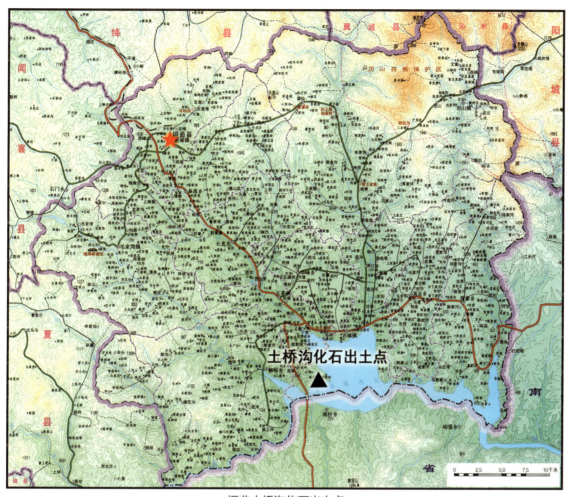

垣曲土桥沟化石出土点

在垣曲县寨里村旁的山沟内科学家找
到了曙猿完整的下颌骨

1916年，北洋政府实业顾问、瑞典科学家安特生沿黄河两岸调查矿产资源时，于垣曲县寨里村附近土桥沟发现了中国第一块始新世哺乳动物化石，把始新世（距今5300万年~距今3650万年）哺乳类动物的研究推向一个新的起点。1923年，他在《地质专报》甲种第3号上发表题为《中国北部之新生界》论文，对垣曲始新世地层作了详细描述，并绘制了十万分之一的地质图。从此，这个原本在地图上并无标识的偏僻荒野，竟成了世界上古人类学家目光聚焦的地方。

1983年，美国卡耐基自然历史博物馆的道森博士，对垣曲盆地进行了全方位的考察。考察中，道森博士在古城镇寨里村土桥沟发现了一块偶蹄类头骨化石，被命为道森先炭兽。后来，中方人员在垣曲寨里村又发现了世界

世纪曙猿下牙床

上最早的具有高等灵长类动物特征的曙猿化石。1995年5月，他们又在垣曲发掘出一对带有几乎所有牙齿的世纪曙猿下牙床，这是世界上迄今为止发现的最完整的有关曙猿的生理材料。美国权威学术期刊《科学》杂志及时向世界公布了这一消息。20世纪末在中国的这次重大发现，适逢美国卡耐基博物馆建馆100周年，为纪念自然科学领域这一双重盛事，中美科学家把垣曲发现的这种曙猿取名为"世纪曙猿"。

2000年4月，《人民日报》、《新华每日电讯》等报刊相继刊登文章，报道中美科学家在英国权威科学期刊《自然》杂志上发表的论文。通过对在垣曲寨里村发现的世纪曙猿脚跗骨、下颌骨化石的研究，证实了垣曲盆地是人类远祖的故乡之一。

曙猿的意思是"类人猿亚目黎明时的曙光"。据专家考证，曙猿是生活在距今4500万年前的灵长类动物，是人类迄今为止已经发现的最小的灵长类动物。

曙猿化石发现前，世界上最早的高等灵长类动物化石发现于北非法尤姆，距今约3500万年。垣曲"世纪曙猿"的发现，把类人猿出现的时间向前推进了1000万年。

运城 六 大文化掇英

西侯度遗址

在河东这块古老的土地上，我们自豪地拥有人类远古文化的"十大遗址"——西侯度遗址、匼河遗址、西阴遗址、南海峪遗址、东庄遗址、西王村遗址、芮城清凉寺墓地、荆村遗址、周家庄遗址、东下冯遗址。她们理所当然地应成为运城人类远古文化的十大标志性符号。

西侯度遗址圣火采集仪式

我们先从西侯度遗址讲起。

2016年5月19日，由山西省委宣传部、山西省文化厅和运城市委、市政府主办的"西侯度遗址火种采集仪式"在芮城西侯度隆重举行。古朴庄严的火种采集仪式穿越百万年，唤醒人类对第一把文明圣火的远古记忆。

西侯度遗址位于山西省芮城县西侯度村。1961年至1962年，山西省博物馆对西侯度遗址进行了两次发掘，出土了一批人类文化遗物和脊椎动物化石。动物化石有巨河狸、鲤、山西轴鹿、粗面轴鹿、粗壮丽牛、山西披毛犀、三门马、中国野牛、晋南麋鹿、步氏羚羊、李氏野猪、纳玛象等。石器出土数量不多，主要以石英岩为原料，类型有石核、石片、砍砸器、刮削器和三棱大尖状器。还有一个很重要的发现是，在文化层中还出土有若干烧骨，这是目前中国最早的人类用火证据。石器和有切割痕迹的鹿角以及烧骨的发现，证明远在180万年前，这里就有人类活动。同时也昭示出他们已将"火神"征服在脚下，显露出"万灵之灵"的神韵。

世界上其他国家还没有发现如此古老的烧骨。

西侯度遗址印象

西侯度遗址考古研究

全国重点文物保护单位西侯度遗址标志

人类远古文化之

匼河遗址

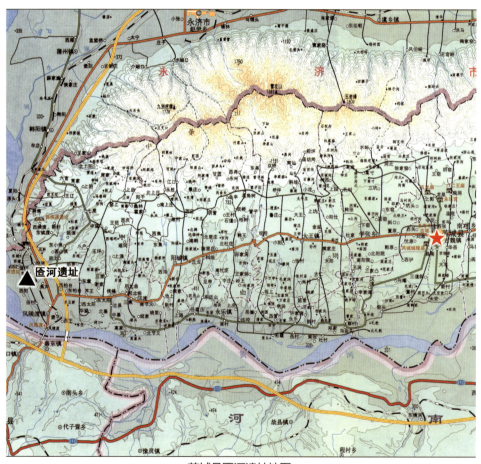

芮城县匼河遗址地图

匼河遗址位于山西省运城市芮城县风陵渡匼河村一带，是中国华北地区旧石器时代早期匼河文化的代表遗址，地质时代为距今约60万年的更新世早期。

匼河遗址于1957年发现，从1960年夏进行正式发掘，至1980年，先后5次发掘，出土的动物化石主要有肿骨鹿、披毛犀、扁角鹿、对丽蚌、德氏水牛、三门马、野猪、师氏剑齿象、东方剑齿象、纳玛象、三趾马、野牛等。出土的石制品有砍斫器、刮削器、三棱大尖状器、小尖状器、石球及石片、石棱等石器。

匼河遗址位于黄河东转的拐角处，较为密集，证明中国早期人类在这一带活动已经较为频繁，可能已经形成了有一定规模的原始人群落，是早期人类生产生活的一个中心地带。

匼河文化上与西侯度文化，下与丁村文化有一定的渊源关系。匼河文化是承继西侯度文化发展而来的。西侯度文化仅有西侯度一个孤立的遗址，而匼河文化的遗址则存在范围较广，除了此处以匼河为中心分布的遗址群，在东面的垣曲境内的官沟、东岭、中背岭、柴火疙瘩、坪道、小赵村、早家庄、冯家山、晁家坡等处，以及位于黄河对岸的陕西潼关、河南陕县、三门峡的一些地方，亦分布有属于匼河文化的石器地点。

匼河遗址标志

人类远古文化之
西阴遗址

西阴遗址考古发现

西阴遗址考古标志

　　西阴遗址位于山西省夏县尉郭乡西阴村西北部一处高地，也就是当地人俗称其为"灰土岭"的地方。北倚鸣条岗，南临青龙河；西南距战国时期的古魏国都城"安邑"即"禹王城"8公里，东北距全国重点文物保护单位"东下冯遗址"8公里。

　　西阴村遗址1926年被发现和发掘，由考古学家李济主持，该遗址是中国考古学者发现并主持发掘的第一处新石器时代文化遗址，也是中国人首次独立主持的田野考古工作。1927年，清华学校研究院以丛书第三种印行了李济先生的《西阴村的史前遗存》一书。这是近代考古学史上中国学者发表的第一本考古报告。

　　发掘陶片共装了60多箱，总数为18728块。仅第四探方出土陶片总数即达17372块，其中彩陶片有1356块。

遗址内的仰韶文化庙底沟类型遗迹有半地穴式圆形或长方形房址。出土遗物包括石器、骨器、蚌器和陶器等。陶器主要是素面陶和黑彩陶。主要器型有釜、灶、夹砂罐、尖底瓶等。另外还有直口或敛口钵、敛口瓮、缸等。

庙底沟二期文化遗迹主要是圆形半地穴式房，遗物以灰陶为主。主要器物类型包括夹砂瓮、缸、折沿罐、釜、灶、双耳壶、高颈瓶、钵、盘、器盖，以及石刀、锛等。

这里需要强调的是，在对西阴村遗址的考古发掘中，李济先生发现了"半个人工切割下来的蚕茧标本"，经研究分析，被认为是家蚕的老祖先，为中国人在史前新石器时代已懂得养蚕抽丝提供了证据。据说，这半个蚕茧原放在中央博物院，后收藏在台湾的故宫博物院。

从此，运城地区被认为是夏代以前中国北方人工养蚕的起源地。这个发掘与发现，同时也正好印证了嫘祖养蚕的传说。

半个人工切割下来的蚕茧标本

南海峪遗址

南海峪遗址

　　该遗址在垣曲县县城西南24公里毛家镇店头村南海峪沟口东侧山腰，是目前山西省旧石器早期唯一的一处洞穴遗址。遗址由三个地点组成：第一地点含有动物化石；第二地点有石制品和用火遗迹；第三地点，动物化石和石制品皆有。南海峪遗址出土的石制品数量不多，从现有材料看，可能与北京猿人晚期文化属同一文化类型。

人类远古文化之
东庄遗址

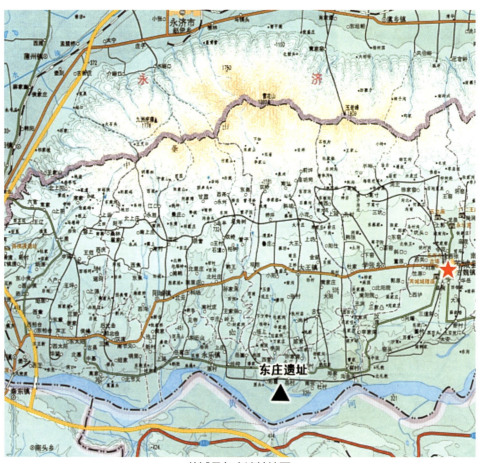

芮城县东庄遗址地图

东庄遗址标志

　　该遗址位于山西省运城市芮城县，为新石器时代遗址。遗存主要为仰韶文化早期。在5万平方米的仰韶时期的村落里获得的诸多遗存说明，这时人类社会正处于母系氏族社会繁荣期。此期山西古人类已进入农业、狩猎、纺织为一体的生活，也有了装饰自己的爱美观念。东庄村仰韶文化遗存处于仰韶文化半坡类型向庙底沟类型过渡的中间环节，它对于正确理解仰韶文化半坡类型与庙底沟类型的相互关系等学术问题，具有不可替代的重要作用。

人类远古文化之

西王村遗址

　　西王村遗址，位于山西省运城市芮城县，是新石器时代的古遗址。遗址于1960年春发现，同年5—7月发掘。这里不仅发现了仰韶文化中期的庙底沟类型文化，还发现了仰韶文化晚期的文化。考古学者将后者称为仰韶文化西王村类型，作为中原地区仰韶文化晚期发展阶段的代表。遗址发掘有生产工具及猪、狗等动物骨骼，还发现彩绘的陶器，纹样多由植物花纹和网纹组成。曲腹碗、盆和双唇小口尖底瓶是这个遗址的代表性生活用具。有124件陶质环形装饰品，分圆形、六角形、九角形三类形状。陶环上刻有花纹、辫纹、乳丁纹，这说明古人类对美的追求和意识正在加强，也有了简单的几何形体的概念。

　　山西省西王村类型的仰韶文化主要分布在黄河北岸、涑水、汾水以及吕梁山一线，其中垣曲县古城镇东关遗址也是这一类型的代表。此期还发现，地面木构建筑出现，房屋建造技术大大改进，房内面积增大，分间布局兴起。

人类远古文化之

芮城清凉寺墓地

清凉寺墓地考古现场

清凉寺遗址考古发现

该墓地属于寺里——坡头遗址（即"坡头遗址"）。遗址位于山西芮城县东北部，距县城约 20 公里，属新石器时代庙底沟二期文化。墓地总面积近5000平方米。2004年的发掘共清理墓葬262座，墓葬排列有序，南北成行，东西成列。墓内共出土玉璧、玉钺、玉琮等玉石器200余件。清凉寺墓地代表的时代是史前一个十分关键的时期，而墓葬所在的区域是中原的核心地区，也是庙底沟二期文化腹心地区，当时中原地区正在发生一次大规模的文化变革，周边各种文化因素和理念在这里汇聚。这批以随葬玉石器、特殊葬制为特色的墓地，对诠释这一地区的复兴历程具有着毋庸置疑的作用，对中原地区文明起源及与此相关的学术课题研究有所助益，是近年来少见的重要发现。

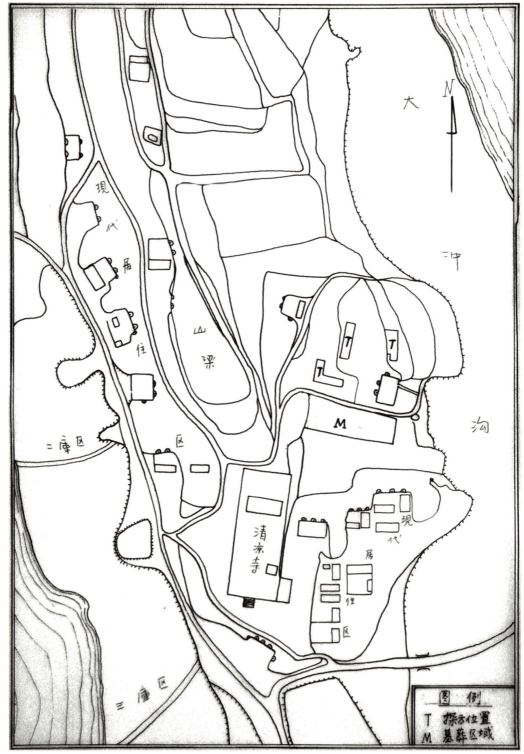

清凉寺分位图

荆村遗址

　　该遗址在万荣县万泉乡荆村西北500米。1933年，董光忠整理发表了发掘报告，公布了荆村遗址发现黍稷及黍稷壳的情况。同年，毕晓普在其所著的《华北新石器时代》一书中公布了他对荆村遗址所出土的"黍稷及黍稷壳皮"的研究结论。他认为荆村遗址中发现的"黍稷"有黍和高粱两种。1943年，和岛诚一在其所著的《山西省河东平原以及太原盆地北半部的史前调查概要》中又公布了高桥基生先生的鉴定结论。他说："在新民教育馆藏品中有董光忠氏当时出土的荆村谷类灰烬中的炭化物，这份东西经理学士高桥基生先生鉴定为粟和高粱品种。"

人类远古文化之

周家庄遗址

周家庄遗址标志

周家庄遗址考古现场

周家庄遗址考古

该遗址位于山西省运城市绛县横水镇周家庄、崔村之间。是一处以龙山时代遗存为主，兼有仰韶、庙底沟二期、二里头、二里岗、东周等时期遗存的大型遗址。还是一处罕见成人与儿童混杂的大规模墓地。2007年开始发掘，发现的遗存、遗迹有灰坑和墓葬两种。该遗址的发现为研究该聚落的社会组织结构、儿童死亡率与人口构成情况、社会等级分化等问题都提供了直接的资料。同时，周家庄此处排列有序、规模大而保存较完整的墓地，对于研究晋南乃至整个中原地区龙山时期的丧葬制度和社会发展状况都有非常重要的意义。

人类远古文化之
东下冯遗址

　　该遗址位于山西省运城市夏县埝掌镇东下冯村青龙河两岸的台地上。东下冯遗址是夏商时期二里头文化东下冯类型的典型遗址，总面积约25万平方米。遗址内发现有灰坑、房屋、墓葬、水井、沟槽、陶窑等遗迹。出土物包括陶器、骨器、蚌器、铜器、石器、卜骨等。此外，还发现有二里岗时期的城址，城址南部呈曲尺状，城墙保存较好，城外还环有护城壕。二里岗时期城墙等遗迹的发现，显示出东下冯遗址具有的特殊意义。东下冯遗址的发现与发掘，对于探讨夏时期晋南地区的文化面貌具有重要意义，有助于对中国古代城市形成与发展、夏商文化变迁的研究。

东下冯遗址标志

黄河根祖文化

　　运城有光耀千秋的黄河根祖文化。大河顾我掉头东。黄河在这里拐了一个大弯，给了运城一个深情的拥抱，正所谓"天造河东、地设运城"。我们熟知的女娲补天、后土造人、黄帝战蚩尤、尧王访贤、舜耕历山、禹凿龙门、大禹治水、秦晋之好等一系列与黄河有关的历史典故和优美传说，都发生在这里。因此，运城被誉为"华夏之源，中华直根"。

女娲补天雕塑

黄河根祖文化之

华胥与古虞的传说

　　华胥，也称华胥氏，是中国上古时期母系氏族社会杰出的部落女首领。《史记·三皇本记》曰："太皞，疱羲氏，风姓，代燧人氏，继天而王，母曰华胥，履大人迹于雷泽，而生疱羲氏于成记。"相传她踩雷神脚印，感应受孕，生伏羲和女娲，传嗣炎帝黄帝，从而成为中华民族的始祖母。在八千多年前，华胥为了部族生存，带领远古先民们不断游徙，足迹遍布黄河流域，创造了中国的渔猎、农耕文化，开创了中华文明史 。

　　关于华胥究竟是哪里人，史料及民间有多种说法。比如讲有甘肃天水说，河南睢阳说，齐鲁济宁说，川蜀阆中说，陕西渭南蓝田说等等。在这里，笔者想简要介绍一下关于华胥之山西河东古虞说。

　　学界普遍认为，中华民族的主体是汉族，汉族的前身是华夏族，华夏族的前身是炎黄部落联盟，伏羲女娲是炎帝黄帝的直系祖先，而华胥则是伏羲女娲的母亲。处于黄河流域中上游的华山方圆是中华民族的发祥地，而华山的得名，除了其山形像"花"（古代"花"与"华"同）之外，还因为华胥氏族就生息、繁衍在华山之阳，今蓝田县境内就有华胥陵。

关于华胥河东古虞说，一些专家研究也认为华胥与河东有着不解之缘。有资料显示：在山西运城虞乡境内有座华胥峰，正是以华夏民族的始祖母名字命名的。华胥峰在当地又被称为华咀、华聚、华居。在华胥峰周围，沿中条山北麓、虞乡镇境内，分布着华亭、华表、华谷、华水、雷洞、雷泽（今五姓湖一带），这里曾是华胥部落从事农耕、渔猎、采摘的地方，也流传着华胥劝雷神弃恶从善、华胥姑娘和西域小伙在石锥山采花捉碟相遇、相知、相爱后携手西行等美丽的传说。

诸多专家学者认为，"中华""华夏"中的"华"字以及"华人""华族"中的"华"字，皆与华胥有关，同时也与"华山""华水""玫瑰花"有关。

而华胥、华山、华水、玫瑰花，又都与晋南和渭南有着十分重要的渊源。

风陵渡与风后传说

运城市的西南端，同时也是山西省的西南端，就在黄河大拐弯的地方，有个地名叫风陵渡，今属芮城县。过河即是河南灵宝县和陕西潼关县，素有"鸡鸣一声听三省"的说法。风陵渡的地名来历、传说很多，一般认为是"风后"的陵墓。而这个"风后"，有说是黄帝时期的宰相，也有说是著名的女娲。

据说，伏羲氏部落起源于甘肃天水，这个部落还有一个著名的人物，即女娲。伏羲与女娲既是兄妹关系，又是夫妻关系，这种关系反映了早期人类社会中的兄妹婚。关于女娲的传说有很多，女娲也被称为是中华民族传说中的人文始祖，所谓女娲造人、女娲补天等等。伏羲氏部落在迁徙的过程中，也把女娲的传说带到各地，因此后世许多地方都有女娲庙、女娲山、女娲墓等。

今芮城县的风陵渡，就是伏羲氏部落在迁徙过程中留下的著名遗迹。郦道元在《水经注》中写道："关之直北，隔河有层阜，巍然独秀，孤峙河阳，世谓之风陵。戴延之所谓风堆者也。"郦道元是从陕西潼关的角度观察风陵的，说风陵在潼关正北的黄河对岸，是一座"巍然独秀"的小山丘，当时的人称之为"风陵"，以前也曾称为"风堆"。在别的记载中，还有称为"封陵"的。

到了唐代，"风陵"就被人们直接称为"女娲墓"了。《新唐书》卷三五《五行志二》记载："天宝十一载六月，虢州阌乡黄河中女娲墓因大雨晦冥，失其所在，至乾元二年六月乙未夜，濒河人闻有风雷声，晓见其墓踊出，下有巨石，上有双柳，各长丈余，时号风陵堆。"《新唐书》的这段记载颇为神奇，一场大雨就把女娲墓给沉入黄河了，一阵风雷又把它从黄河里升出来了。而且，从黄河底部升出的女娲墓，居然还长着两棵一丈多高的柳树，人们把这个神奇的墓称为"风陵堆"。

在河东，还有女娲即后土、高禖的说法。

后土又称后土皇地祇、地母元君、后土娘娘。源于母系社会自然崇拜中的土地与女性崇拜。传说她掌阴阳，滋万物，因此被称为大地之母。

记载我国远古传说的《风俗通义·皇霸篇》引《春秋运斗枢》云，古代所谓三皇，即指天皇、地皇、人皇，分别是伏羲、女娲、神农。这里女娲就是地皇，因而她自然就与土地最尊之神的后土是一个人了。也就是说，女娲即后土，后土即女娲。

在运城河津市，有一座远近闻名的高禖庙，是山西省文物保护单位。高禖庙供奉的是"高禖神"，高禖神就是"禖神"，"禖"、"媒"二字同音同义，但"禖"字更体现了原始和古老的含义。高禖神也就是我们常说的"媒人"的神格化。这个"媒人"不是一般的"媒人"，而是最高贵、最原始的媒人鼻祖。也就是传说中的中华民族的远古始祖——女娲。

　　《路史·后纪·二》中记载："女娲铸神祠，祈而为女祺，因置婚姻。"《路史·后纪·二》还说："以其（女娲）载祺，是以后世有国，是祀为皋祺之神。"这些记载都充分说明女娲就是高祺，高祺就是女娲。

女娲

黄帝、炎帝和蚩尤

我们中国人号称是炎黄子孙，现在中国南方很多民族，又自称是蚩尤的子孙。而黄帝、炎帝、蚩尤三位，现在也有说是"中华三祖"的。既然是"中华三祖"，那么他们的传说和遗迹，必定会遍布全国各地，其中当然也免不了大量的争议。比如，黄帝和炎帝之间发生的阪泉之战，黄帝和蚩尤之间发生的涿鹿之战，其地点究竟在哪里，这实在是个大问题。

现代著名历史学家钱穆曾经判断，阪泉和涿鹿不在人们通常认为的河北省西北部，而在山西南部，具体地说，是在"解县"，也就是现在的运城市盐湖区。钱穆先生是江苏人，并不偏爱山西，他只是从炎黄活动的区域范围及晋南古地名的流变来判断的。另外，柏杨等一批历史学家也持此观点。学者张其昀更明确地说："盐，国之大宝，这一次炎黄血战，盖因食盐而起。"

我们从运城人的角度来说：解州的地名，传说是从肢"解"蚩尤而来；盐池的卤水，传说是"蚩尤血"化成的；盐池的东南边，现在还有一个蚩尤村，留下一批遗迹和传说；北宋时期，解州盐池传出了"关公战蚩尤"的故事；宋朝以后的一批诗人吟咏盐池附近景物，动辄以"涿鹿城"指代解州，比如元朝诗人王翰的《盐池晓望》:"涿鹿城头分曙色,素池如练迥无尘。"所以,虽然现在仍然众说纷纭,我们运城人则愿意相信,黄帝、炎帝、蚩尤发生大战的阪泉、涿鹿以及黄帝后来建都的"涿鹿之阿",就在我们现在的运城境内。

池神庙

盐池风光一角

接下来，我们按照《史记·五帝本纪》的记载，简单介绍一下中华民族早期传说中的两次战争。

黄帝是少典之子，复姓公孙，名轩辕。黄帝生活的时代，属于神农氏的晚期，统治力已经十分薄弱。天下各部落联盟里的各部落之间，互相侵伐，欺凌百姓，神农氏管不了，黄帝部落就乘时而起。黄帝训练了一支强大而勇敢的军队，专门讨伐那些不讲理的诸侯。

这时候，出现了两支敌对的力量。一个是蚩尤部落，军事力量很强大；一个是炎帝，经常欺负其他弱小部落，那些部落都因此归顺投靠了黄帝。黄帝是新兴的部落，实力大概比炎帝差很多。为了对付炎帝，黄帝花费了很多心思。首先从内政做起，修养自己的品德，修治自己的兵器，完善金木水火土五行之气和春夏秋冬的历法，研究整顿五谷等粮食作物的种植，安抚教育部落里的民众，团结招揽周边的部落民众，最后是驯化"熊罴貔貅貙虎"等猛兽或者是训练以猛兽命名的军队。做好充分的准备后，在阪泉之野与炎帝部落展开了大战，先后打了三次，才把炎帝部落彻底征服。

黄帝收服炎帝部落后，终于有实力和蚩尤部落决一胜负了。于是，双方在涿鹿之野发生战争。这次战争，《史记》讲得较为简单，后世的传说则充满了神奇色彩。

话说蚩尤有兄弟八十一人，身体长得像猛兽，但会说人话。头上有铜额上有铁，坚硬无比，吃的都是沙石子，异乎寻常。另外，蚩尤部落还善于打造各种坚利的兵器，有刀、戟、大弩等。刚开始，黄帝打算用自己的仁义来感化蚩尤，结果无济于事，蚩尤根本不理会这个。黄帝仰天长叹，上天便派下一位玄女，把"兵符"传授给了黄帝，专门克制蚩尤，黄帝就命令玄女来统率军队。又说，黄帝派长翅膀的应龙来进攻蚩尤，蚩尤则请风伯雨师兴起大风雨来助阵，击退了应龙。黄帝则请负责旱灾、名为"魃"的天女下来助阵，击退了风伯雨师。又说，蚩尤能制造大雾，让黄帝的部队无法辨别方向。而黄帝的大臣风后则发明了指南车，利用指南车指引，成功地冲出了大雾。

最后的结果是，黄帝部落取得了胜利，擒杀了蚩尤。之后，天下还有部落反叛的，黄帝就画了蚩尤的形象向天下示威。那些部落以为勇猛的蚩尤还活着，都归顺了黄帝。

黄帝击败蚩尤后，就算是统一了天下，取代了神农氏的帝位，开始治理天下。其都邑则定在"涿鹿之阿"，大概就是现在解州附近的一处高地。但《史记》又说黄帝"迁徙往来无常处，以师兵为营卫。"并不长期住在"涿鹿之阿"。

炎黄二帝

黄河根祖文化之

尧舜禹在这里建都兴邦

诸多史料记载，运城一带是尧舜禹三世帝王建都兴邦的地方。

《汉书·帝王本纪》载，"尧都平阳，舜都蒲坂，禹都安邑。"唐代杜佑所著《通典》里有这样一句话："尧旧都在蒲。"北魏地理学家阚骃在《十三州记》里这样写道："蒲坂，尧都。盖帝尧都此，后迁平阳。"以上典籍所说的"蒲"、"蒲坂"，就是指今天的运城市的永济市。"安邑"就是今天的夏县和盐湖区东部一带。尧舜禹所开创的"三代盛世"是中华文明史上的光辉篇章，是华夏子孙千秋万代无限仰慕的时代。尧王"传贤不传子"的"禅让"制，令后世称颂不已，尧的大仁大德，舜的大治大孝，禹的大智大功，更被后人奉为楷模，尊为圣人。

尧，名放勋，陶唐氏，是传说时代父系氏族社会后期部落联盟的著名首领。据一些专家学者论证，尧生于绛县尧寓村。尧寓村"尧王故里""尧的传说"分别被列入山西省和国家级"非物质文化遗产"名录。

尧曾命羲氏与和氏顺应苍天，观察日月星辰的变化，创造了一年为366天，并于19年中置7个闰月的历法；他还把一年四季的时令传给百姓，并设

唐尧寓处碑

陶唐遗风碑

官掌时令，使人们开始懂得春种、夏长、秋收、冬藏的规律，大大加速了中华民族的祖先由蒙昧向文明的过渡。尧精通战略战术，他派后羿杀死了前来仇扰的猰貐、凿齿、九婴、大风、封豨、修蛇；他率兵打败了三苗，征服了驩兜，因而"万民皆嚓，置尧以天子"。尧在位时，天下洪水滔滔，用鲧治水，九年无功而返，又启用禹，使洪水得以治理；尧设置谏言之鼓，让天下百姓

大孝有虞氏舜帝故里碑

尽其言；立诽谤之木，让天下百姓批评他的过错。

尧唯才是举，礼让贤士。晚年选择继承人时，四岳推举了舜。

尧对舜进行了三年考察，确认舜德才兼备，于是让位于舜，即是传为美谈的"禅让制度"的开端。

尧和舜的时代，被称为"尧天舜日"。现在的永济市张营乡有个舜帝村，传说舜就出生于这里。

舜，姓姚，又名妫，名重华，字都君。因国名"虞"，故又称虞舜。舜帝从小受父亲瞽叟、后母和后母所生之子象的迫害，屡经磨难，仍和善相对，孝敬父母，爱护异母弟弟象，故深受百姓赞誉。

在舜帝村的中央位置，一座高大的碑楼赫然出现在眼前，石碑上写着："大孝有虞氏舜帝故里"。舜帝村原名"姚墟村"，村里人大多姓姚，历史上属诸冯管辖。所以，《孟子·离娄间名下》称："舜生于诸冯"。传说，舜的母亲就是在村里一处叫"舜原"的地方，生下了舜。

舜未当政前，以孝感动天下，留下了许多动人的传说。

在运城市垣曲县，舜也留下了许多遗迹，最有名的当属历山。历山上的舜王坪，就是传说中舜耕历山的地方。相传，唐尧访贤途中，在历山遇到躬耕的舜，见舜在犁辕上拴着个簸箕，问其原因，舜说牛拉犁已经非常辛苦，不忍心抽打牛。牛走得慢了，就敲打簸箕，黑牛以为打黄牛，黄牛以为打黑牛，两个牛就都走得快了。尧帝听后，心想，舜对牲畜都如此体恤，让其承其帝业，定会爱民如子。于是，他将娥皇、女英两女嫁给舜，先观察舜治家的本领。

垣曲县另一处舜的遗迹是位于历山镇神后村的神井。据古籍记载，舜幼年丧母，继母与异母兄弟象骗舜淘井，然后落井下石。舜早有提防，已经在井下挖好逃生通道，才得以脱身。但他并没有记恨继母和弟弟，反而对父母依然孝顺，对弟弟依然友爱，被誉于二十四孝之首，以孝名闻天下。

舜继位后，建都蒲坂。他将人生终始之礼总结归纳为"五常之教"，又名"五典"，即"父义、母慈、兄友、弟恭、子孝"，在全国建立起了一种礼仪制度和中华民族的道德准则、以及治理国家的制度，从而使"父子有亲，君臣有义，夫妇有别，长幼有序，朋友有信"。司马迁赞舜推行五常之教说："天下明德皆自虞舜始。"

尧舜时期，洪水经常泛滥，淹没了庄稼，淹没了房屋，很多人只得背井离乡，四处逃难。尧将治水的任务交给鲧。鲧用了九年时间，不见任何成效。舜主理朝政后，革去了鲧的职务，将他流放到羽山。

大臣们又推荐鲧的儿子禹来治水。舜就把治水的大任交给了禹。

禹，姓姒，名文命，字密，史称大禹。

相传，大禹治水三年，三过家门而不入，虽然历尽艰辛，却依然劳而无功，不免心情焦虑。一天，他在黄河边见到一位老翁，坐下来攀谈时，老翁端上满满一碗水放在石桌上。正当大禹准备端起来喝时，老翁捡起一块石子，朝碗沿砸去，碗沿被砸出一个缺口，茶水从缺口流到桌面上，老翁用手指一划，溢在桌面上的水循着手印缓缓流到地上。大禹心中一动，连忙向老翁致谢。

此后，大禹率领治水大军，苦战数年，堵疏结合，终于凿开龙门，引水

归道，安定了九州。

舜后来传位于禹。因禹治水有功，人们称他为大禹。中国历史上的第二次禅让，又给河东大地留下一座帝都，就是禹都安邑，位于运城市夏县禹王乡的禹王村一带。

有专家指出：大禹精神是中华民族精神核心价值的基石。他以人为本、

垣曲舜王坪

心系民生的"民本思想";因势利导、疏堵相宜的创新精神;自强不息、艰苦奋斗的拼博精神,被千古传颂,使万民仰止。大禹精神已成为中华民族精神的象征,奠定了我们中华民族传统文化的华夏之魂。

自尧舜禹始,作为"古中国"的古河东地区进入了中华文明发展的辉煌期。

尧舜时期的真实历史,随着晋南陶寺文化类型遗址的发掘和研究,面目已经越来越清晰。而《尚书》《史记》等一大批中国文化典籍中记载的尧舜故事,是几千年来中国文化的重要基因,并且鼓舞着一代又一代的中国人。以前有人说中国人是"龙的传人",其实,我们也应该是"尧舜的传人"。

一揽天人合一的胜境

禹王城遗址标志

禹王城遗址

农耕源头文化

　　运城有源远流长的农耕源头文化。2017年6月，习近平总书记视察山西时谈到，黄帝之妃嫘祖教民养蚕于夏县、后稷教民稼穑于稷山。古有舜都蒲坂、禹都安邑之说。唐代诗人卢纶曾在其《送绛州郭参军》诗中咏及汾水下游丰收在望的麦景。习近平总书记提到的这五个地方都在运城。这

几句话非常重要，充分说明运城是黄河流域的农业摇篮，充分印证了稷山、夏县对古中国农业的巨大贡献，准确定位了舜都、禹都的地理坐标，把运城千百年来的历史地位推到了极致和高峰。

夏收一景

农耕源头文化之

远古的农业遗存

　　诸多史料显示，黄河流域最早的农业文化、原始农业的出现，是人类改造自然所取得的一个巨大成功。文明的产生是与农业的发展息息相关的，黄河流域是中国文明的发祥地，也是世界上农业出现最早的地区之一。

　　新石器时代，北方诸多遗址中出现的碳化粟粒、粟壳或粟的谷灰多达40余处。这说明早在远古时代，粟已经成为北方居民的主粮。其中最早发现的是在上世纪30年代，在万荣荆村瓦渣斜遗址出土的粟壳，其年代为仰韶至龙山文化时期。当时这一发现曾经引起国外学术界的重视。1933年董光忠整理发表了发掘报告，公布了荆村遗址发现黍稷及黍稷壳的情况。同年，毕晓普在其所著的《华北新石器时代》一书中公布了他对荆村遗址所出土的"黍稷及黍稷壳皮"的研究结论。他认为荆村遗址中发现的"黍稷"有黍和高粱两种。1943年，和岛诚一在其所著的《山西省河东平原以及太原盆地北半部的史前调查概要》中又公布了高桥基生先生的鉴定结论。他说："在新民教育馆藏品中有董光忠氏当时出土的荆村谷类灰烬中的炭化物，这份东西经理学士高桥基生先生鉴定为粟和高粱品种。"此外，夏县西阴村，也有谷粟的遗迹存在。

长江流域和黄河流域的农业文明也几乎是同时起源的，长江流域的农业起源甚至比黄河流域还早一些。但是，进入农业社会后，同是从事原始农业的长江流域和黄河流域，其发展速度是不同的。长江流域发展缓慢，黄河流域则很快取得突破性的进展，率先迈入文明社会。其中原因，还应从长江流域和黄河流域农业本身出发来研究。黄土是在最近一二百万年内，在逐渐干燥的气候条件下堆积形成的，所以质地松匀，而黄土高原土质较黄土平原更为松匀。黄土一般都呈碱性，土壤中的矿质大体经久都不流失，因此基本肥力也长期不丧失。另外，黄土还有"自我加肥"的性能。华北先民培育出来的粟，生长期较短，又有明显的耐旱、抗瘠、分蘖力强、滋生力旺等特点，比较适合于当地气候、土壤等自然条件。粟的叶面蒸发量小，在生长期间，比其它粮食作物需要水分少得多，耗水量仅占生育期的百分之六点一，如遇严重干旱，叶子常纵卷，甚至呈假死状态，以最大限度地减少水分消耗，根部却往下深扎，一旦遇水，便很快恢复生长，不致影响收成，其后期生长阶段需要较多的水分，恰逢夏季降雨。因此学者们断言，黄土是原始农耕的理想土壤，而粟类作物又是旱地农业的理想作物之一。原始人类耗费较少的劳动代价就有一定的收获。华北先民还培育出了稷和黍，栽培更容易，生长期更短。这些作物在当时地里杂草丛生、土壤未得到改良，缺乏人工施肥、灌溉的自然状态下，也有一定的收成。这些干旱性作物容易耕种，耗时费力少，适应性强等优点，就为剩余产品的较早出现，畜牧业的进步，家庭副业的发展，乃至私有制的萌芽、扩大、最终导致向文明社会的转变奠定了物质基础。

荆村遗址图

农耕源头文化之

大禹治水传说与古代农业

古龙门全图

今运城市河津与陕西韩城相邻的黄河河段，有著名的"禹门口"，旧称"龙门"，附近还有一个龙门村，是大禹治水传说的著名遗迹。旧时建有禹王庙，是封建时代祭祀大禹的重要场所。芮城县黄河岸边则有著名的大禹渡，不仅是古渡口，这些都可称是大禹和夏朝在运城的遗迹。

根据《史记》的记载，大禹也是黄帝的后代，他父亲名叫鲧。帝尧时代，天下发了大洪水，四岳推荐鲧去治水。结果过了九年，洪水还是没有缓解。

龙门盛景

帝舜摄政后，提拔任用鲧的儿子禹来治水。大禹率领治水大军，苦战数年，堵疏结合，终于凿开龙门，引水归道，安定了九州。

大禹在治水过程中，还令伯益教百姓在卑湿的地方种稻，令后稷教百姓种植其他粮食作物。另外也适当调配有余不足，让大家都吃上饭。九州、九山、九川基本上定好以后，各地生产恢复，百姓们的生活也过好了，大禹就根据各地物产的不同，制定贡赋标准，让大家给中央政府做贡献。

农耕源头文化之

嫘祖教民养蚕传说

据资料，中国是世界上养蚕缫丝的发源地，源头就在夏县西阴村。

相传在三皇五帝时代，在中条山西面有一片桑林，桑林边坐落着一个村庄，每当太阳出山，整个村子都被茂密的桑林所遮掩，人们就习惯地称它为西阴村。西阴村里有一位姑娘叫嫘祖，长得非常漂亮。嫘祖的母亲早年病故，父亲是黄帝手下一员大将，常年出征在外，家里就剩下她和一匹小白马。嫘祖就是在这样长期孤独生活中发明了养蚕缫丝技术。

炎帝、黄帝和蚩尤之间连续发生阪泉、涿鹿两次大战，最后，黄帝打败了蚩尤，便在帐前大摆宴席，犒劳三军。许多将领和百姓都送来各式各样的宝物，而嫘祖和她进献的蚕丝一下子吸引住了黄帝。他望着洁白的蚕丝，看着如花似玉的嫘祖，顿时心生爱慕，就像嫘祖父亲求婚。嫘祖父亲十分高兴，当场就答应了这门亲事……

《史记·五帝纪》记载：黄帝居轩辕之丘，而娶于西陵之女，是为嫘祖，嫘祖为黄帝正妃。西陵即今夏县尉郭乡西阴村。相传黄帝战胜蚩尤后，建立了部落联盟，黄帝被推选为部落联盟首领。他带领大家发展生产，种五谷，驯养动物，冶炼铜铁，制造生产工具；而做衣冠的事，就交给正妃嫘祖了。在嫘祖的倡导下，开始了栽桑养蚕的历史。养蚕生产的丝绸，不但解决了人们穿衣的问题，而且也使衣物在人们的身上得到了美化。《易经》说："黄帝、尧、舜垂衣裳而天下治。"有专家指出，自黄帝尧舜"垂衣裳"之后两千年，又有周公制礼作乐发生。服饰制度及礼乐制度先后确立，以这两个事件为标志，宣示华夏族文明时代及族群个性之到来，也因此成为汉服的起点。

西阴遗址标志

嫘祖像雕塑

农耕源头文化之

后稷教民稼穑传说

　　中国农业的始祖，一般认为是后稷。而后稷的故里，又有两种说法，一种说在陕西，一种说在山西。二说虽然各有各的理，但细究起来，却应该是在山西南部的运城市境内，即稷王山一带。现在稷山县的得名，就和稷王山有关。另外，在万荣、闻喜、新绛等相邻的地方，建有好几处稷王庙、稷益庙，这也说明本地的后稷文化，有其悠久的历史。

　　传说后稷的母亲姜嫄，是有邰氏之女，嫁与帝喾为元妃。有次她在郊外闲行，看见巨人的脚迹，十分好奇，就踩了几脚，没想到因此就怀孕了。因为这孩子不是帝喾的血统，出生之后就被母亲抛弃。抛弃的过程十分神奇。第一次抛在隘巷之中，想让牛羊把他踩死，结果牛羊都绕着走，不肯踩孩子一下，只好先抱回来。第二次想丢到山林，没想到山林里人来人往，根本没有机会。第三次把孩子丢在河流的冰面上，心想孩子一定会冻死，没想到有只大鸟用羽翼保护了孩子。既然三次都不成功，说明这孩子福大命大，应该养育，姜嫄就给孩子取名为弃。

　　弃自幼就喜欢种植，善于侍弄庄稼。长成以后，很快就成了部落里的农业专家。帝尧时代，弃被提拔任命为"农师"，帝舜时代仍然担任旧职，但改名叫"后稷"。在大禹治水的时代，后稷和伯益是大禹的得力助手，洪水消退后，他们就帮助各部落百姓种植五谷，生产粮食，后世称为"教民稼穑"。因为后稷发展农业的功劳大，帝舜给了他一块封地，名字叫"邰"。"邰"究竟在何处，过去史书有解释，一般认为在今陕西武功。不过，近现代很多学者都认为，"邰"其实就在晋南稷王山周边这一带。现在众多的和"稷"有关的地名、古庙就是活的证据。

稷山县稷王庙

运城 六 大文化掇英

稷王庙壁画

宗教信仰文化

　　运城有影响深远的宗教信仰文化。《礼记》中记载，孔子曾自称，"仲尼祖述尧舜，宪章文武"。尧帝的以德治国、舜帝的孝感天下和夏禹的家国情怀，是孔子儒教文化的重要来源。运城佛教文化遗迹众多，庙宇古刹星罗棋布，稷山大佛寺藏有世界上最大的土雕大佛。五老峰、雪花山、九峰山、百梯山是北方道教的发祥地之一，芮城永乐宫是全真教三大祖庭之一。特别是武圣关公，是被儒释道三教共同推崇的圣人，在民间享有极高声望。截至目前，遍布世界168个国家的关帝庙达3万余处。运城关帝庙作为"武庙之祖"，每年都有来自世界各地的信徒前来虔诚祭拜。

解州关帝庙

宗教信仰文化之
汾阴后土祠

万荣后土祠

秋风楼

后土祠神柏和品字型舞台

后土是中国民间广泛信仰的神祇，总司土地之神。后土祠位于山西省万荣县西南40公里处黄河岸边庙前村北，是中华神州大地上最古老的祭祀后土（地母）的祠庙。

　　据祠中保存完好的《历朝立庙致祠实迹》碑记和《蒲州府志》记载，"轩辕氏祀地祇扫地为坛于脽上，二帝八员有司，三王方泽岁举"。到汉代，进而形成制度，每三年皇帝都要来这里举行一次大祀。汉武帝刘彻时更是东岳封禅，汾阴祀土，于元鼎四年（公元前113年）扩建汾阴后土祠，定为国家祠庙，作为巡行之地。他一生曾六次祭祀后土，仪式隆重无比，在此留下了脍炙人口的千古绝赋《秋风辞》。

　　汉宣帝、元帝、成帝、哀帝和东汉光武帝等先后来此祭祀达11次之多。唐时，玄宗李隆基于开元年间三次来此祭祀，并扩建祠庙。宋真宗赵桓大中祥符四年也来此祭祀，为这次祭祀活动，拨款对后土祠进行了修葺，并御制御书了《汾阴二圣配飨之铭》碑。

运城盐池神庙

盐池神庙位于运城市南、盐池北岸的卧云山岗上，是一座专门奉祀盐池神灵的庙宇，始建于唐大历十二年（777年）。史载唐代宗李豫赐运城盐池为"宝应灵庆池"，钦定在盐池建庙，赐封池神为"灵庆公"，列入国家祀典。池神庙是一座以崇拜自然神为主的神殿，是赞颂、礼拜大自然的神庙。舜帝曾在这里抚五弦琴吟唱《南风歌》"南风之薰兮，可以解吾民之愠兮；南风之时兮，可以阜吾民之财兮"。

盐池有神的历史是很久远的。"昔宿沙氏煮海为盐，故海盐即以宿沙氏为神。河东，盬盐池也，初称神曰盬宗。"（《世本》）反映了远古时期，人类对盐池这一自然宝物的不可测度的神秘思想。唐以前，已经筑有盬宗庙，只是规模不大，处于偏僻角落，并不引人注目。

唐代宗大历十二年（777），由于阴雨连绵，成为灾害，盐池生产受到很大损失，当时兼任河东租庸盐铁侍御史的崔陲，祝祷天佑。后来，果然天晴了，而且，盐池里竟然"红盐自生，盈掬倾筐，或茧或栗，形攒伏虎，色沏丹砂，灵贶休徵，古未有之。"于是，经户部韩滉报告给唐代宗。唐代宗派谏议大夫蒋镇去核查，回报属实。遂诏赐池名曰"宝应灵庆"，兼置祠矣。

新建池神庙于卧云岗上，封池神为"灵庆公"。

运城盐池自古分为东西二池。因此，宋朝徽宗年间（1102年）又分别封东池神为"资宝公"，西池神为"惠康公"，宋徽宗大观二年（1108年）又进爵为王，提高了池神的身份。

元朝统治盐池之后，在元世祖至元十二年（1275年）赐池神庙号为"宏济祠"。元成宗大德三年（1299年）又给东、西两池神加封，东池神为"永泽资宝王"，西池神为"广济惠康王"，并刻石碑为记。由于宋朝末年，辽、金之世，北方战火频繁，人民生命财产受到严重摧残，池神庙也未幸免，建

盐池神庙一角

筑损坏，因此，元仁宗延佑年间（1314年）及其后，对池神庙多次予以重修。

明朱元璋洪武初年（1368年）正盐池神号为"盐池之神"。到明神宗万历十七年（1589年）又赐庙号为"灵祐"。明代对池神庙也多次进行修复。

清代除了重修池神庙外，清世宗雍正五年（1727年）冬十月，因盐花不种自生，多至七百余万斤，商民称庆。经钦定加封为"昭惠裕阜盐池之神"。规定每年三、六、九月致祭。

纵观历代封建王朝，对于盐池恩宠有加，封神赐号，修庙设位，岁时祭祀。

盐池神庙一角

盐池神庙碑林

解州关帝庙

解州关帝庙地处山西运城市解州镇西关。创建于陈、隋（557年—618年）时期，《中国名胜词典》指出创建年份为隋开皇九年（589年）。

在漫长的中国封建社会中，尤其是宋元明清四代王朝所处的封建后期社会，解州关帝庙作为进行传统道德文化教育和教化的一个重要场所，对于宣传和规范封建后期社会的道德文化，曾产生过重大的影响。在国家和民族危难之际，有着"天下兴亡，匹夫有责"之感的人们，在这里通过对关公的祭拜，接受忠于国家和民族的教育；少数民族统治阶级入主中原之后也来到这里，进行褒封和祭祀，力图通过对关公的赞扬去弥合民族之间的分歧；在民不聊生的年代，反抗者们来到这里，从关公身上寻求勇于抗争的精神；当遭际坎坷的时候，身处逆境的人们来到这里，找到值得仿效的榜样。

解州关帝庙端门

解州关帝庙牌坊

关羽一生征战南北，其故事传到各个角落。"当时义勇倾三国，万古祠堂遍九州"是关公信俗地域广泛的最好写照，近代随着华侨的飘洋过海，信仰关公的习俗也被带到了全球各地，有华人的地方就有关公庙，就有对关公的信仰与传播。"庙宇盈寰中，姓名走妇孺"——信众从帝王将相到巷陌妇孺，从政要商贾到平民百姓，群体涵盖了社会各个阶层。

关公文化的忠义、诚信精神，成为增加社会稳定的基石："忠义二字团结了中华儿女，春秋一书代表着民族精神"。关公的信仰价值在于，其行为构成了统治者所提倡的伦理价值的楷模：忠孝节义，神勇武威，为国捐躯、生为人杰，死亦鬼雄。关公文化以"忠、义、仁、勇"为核心，本质上是一种道德崇拜，它植根于民族文化的土壤，融合了儒释道的伦理道德精神，有着鲜明的民族性。

常平关帝家庙

宗教信仰文化之
芮城永乐宫

永乐宫标志

吕洞宾，道教主流全真派祖师。名喦（"喦"或作"岩"），字洞宾，道号纯阳子，自称回道人，唐河东蒲州河中府（今山西芮城永乐镇）人。吕洞宾是道教中的大宗师。目前道教全真派北派（王重阳真人的全真教）、南派（张紫阳真人）、东派（陆潜虚）、西派（李涵虚），还有隐于民间的道门教外别传，皆自谓源于吕祖。原为儒生，40岁遇郑火龙真人传剑术，64岁遇钟离权传丹法，道成之后，普度众生，世间多有传说，被尊为剑祖剑仙。

祀奉吕祖的永乐宫在山西芮城县，唐时为河中府永乐县，传为吕祖的诞生之处，乃就其宅建"吕公祠"，金末扩建为道观。元初毁于火，随即重建，

永乐宫大门

元中统三年（1262年）改名大纯阳万寿宫，后称永乐宫，为全真道三大祖庭之一。

永乐宫壁画为道教宣传画，目的在于揭示教义和感召人心，其绘制时间略早于欧洲文艺复兴，几乎和元代共始终。

永乐宫壁画满布在三座大殿内。这些绘制精美的壁画总面积达960平方米，题材丰富，画技高超，它继承了唐、宋以来优秀的绘画技法，又融汇了元代的绘画特点，形成了永乐宫壁画的可贵风格，成为元代寺观壁画中最为引人的一章。

三清殿，又称无极殿，是供"太清、上清、玉清元始天尊"的神堂，为永乐宫的主殿。殿内四壁，满布壁画，面积达403.34平方米，画面上共有

永乐宫壁画

人物289个。这些人物，按对称仪仗形式排列，以南墙的青龙、白虎星君为前导，分别画出天帝、王母等28位主神。围绕主神，28宿、12宫辰等"天兵天将"在画面上徐徐展开。画面上的武将骁勇剽悍，力士威武豪放，玉女天姿端立。整个画面，气势不凡，场面浩大，人物衣饰富子变化而线条流畅精美。这人物繁杂的场面，神采又都集中在近300个"天神"朝拜元始天尊的道教礼仪中，因此被称为"朝元图"。

纯阳殿，是为奉祀吕洞宾而建。纯阳殿内，壁画绘制了吕洞宾从诞生起，至"得道成仙"和"普渡众生游戏人间"的神话连环画故事。纯阳殿内对扇后壁的"钟、吕谈道图"，是一幅极为珍贵、人物描写极为成功、情景相融

永乐宫无极殿

得非常好的一幅壁画。

永乐宫原址所在的永乐镇位于芮城西南的黄河北岸。1959年，那里要修建三门峡水库，而永乐宫正好位于计划中的蓄水区，水库建成后它将成为淹没在几十公尺深水之下的"海底龙宫"。当时，来自全国各地的现代"鲁班"们，仔细研究如何将永乐宫内近1000平方公尺的壁画完好地搬走重建。这项曾经被形容为"神仙也不容易办到"的工程，从1959年开工起，经过了近5年时间终告完成，永乐宫被全部迁移到芮城县城北。重建后，永乐宫壁画上的切缝小得几乎难以辨别，令人难以置信地完美地保留了这群壁画杰作的旷世神韵。

永乐宫纯阳殿

运城 六 大文化掇英

宗教信仰文化之

永济普救寺

普救寺盛景

普救寺始建于唐武则天时期，原名永清院，是一座佛教十方院。元代王实甫《崔莺莺待月西厢记》中说的"红娘月下牵红线，张生巧会崔莺莺"的爱情故事就发生在普救寺内。

从1986年以来，新修复的普救寺，寺院建筑布局为上中下三层台，东中西三轴线（西轴为唐代，中轴为宋金两代，东轴为明清形制），规模恢宏，别具一格。从塬上到塬下，殿宇楼阁，廊榭佛塔，依塬托势，逐级升高，给人以雄浑庄严，挺拔俊逸之感。加之和《西厢记》故事密切关联的建筑：张生借宿的"西轩"，崔莺莺一家寄居的"梨花深院"，白马解围之后张生移居的"书斋院"穿插其间。屹立在寺中的莺莺塔，不仅形制古朴、蔚为壮观，而且以奇特的结构，明显的回音效应著称于世。游人在塔侧以石扣击，塔上会发出清脆悦耳的"咯哇——""咯哇——"的蛤蟆叫声，令游人连连称奇。据方志中称之"普救蟾声"，为古时永济八景之一。由于《西厢记》的问世，使得这个"普天下佛寺无过"的普救寺名声大噪，寺内的舍利塔也被更名为"莺莺塔"而闻名遐迩。而美丽动人的爱情故事，千百年来一直撼动着人们的心灵，使它成为蜚声著誉的游览胜地。

它是中国历史名剧《西厢记》故事的发生地。寺内有座方形砖塔，原名舍利塔，俗称莺莺塔。这座塔同北京天坛的回音壁、河南宝轮寺塔、四川潼南县大佛寺内的"石琴"，并称为中国现存的四大回音建筑；和缅甸掸邦的摇头塔、匈牙利索尔诺克的音乐塔、摩洛哥马拉克斯的香塔、法国巴黎的钟塔、意大利的比萨斜塔，并称为世界六大奇塔。

宗教信仰文化

稷山大佛寺

　　稷山佛阁寺，位于县城东北1公里的高崖之上，其寺又名清凉院，因寺内有一巨佛，故俗称大佛寺。

　　该寺始建于金代皇统二年（1142年），元，明，清各代曾多次重修或扩建。原寺规模较大，拾级而上，坡道两旁殿宇棋布有序，塑像极多。因战乱大部分建筑遭毁。现仅存正殿，垛殿及十王洞，十六罗汉洞等。正殿，系楼阁式建筑，殿内有一尊高20余米，宽6.7米，保存完好的释迦牟尼佛像。佛身穿之阁之上下，攀木梯登至顶层，不仅可瞻仰佛之整体，整个县城全景均历历在目。

　　殿内存有释加牟尼坐佛一尊。该佛像依崖　雕塑，高20米，宽6.7米，气魄雄伟，保存完好。佛身串通阁之上下，攀木梯登至楼顶，不仅可瞻仰佛之全身，稷城全景历历在目。

　　正殿两侧，尚存有十王洞和十六罗汉洞。该洞系人工凿成，深9米，宽3米，正面塑地藏王坐像，高1.55米，两侧侍童高1.23米，十王雕像分立洞之左右两侧，高0.69米，栩栩如生，保存完好，为元代雕塑之精品。十六罗汉洞，保存有十六尊塑像，亦为元时所塑。

大佛寺处高崖之上，气势雄伟，其土雕大佛及众多佛像，在华北地区极为罕见。在我国雕塑史上占有重要地位。

大佛寺景观

河东民俗文化

要说河东民俗文化，就离不开河东非物质文化遗产。

资料显示，民俗文化和非物质文化遗产是相互包含的关系。比如在我国的非物质文化遗产国家级名录里把非物质文化遗产分成十大类，包括口头文学、传统音乐、传统戏剧、传统美术以及手工技艺、传统医药、传统曲艺等等，还包括民俗。按照这个分类，非物质文化遗产涵盖着民俗文化，或者说民俗文化是非物质文化遗产的一个大项。但是，民俗文化反过来又包含了非物质文化遗产的一些门类，比如说过年时唱戏，传统戏剧是不是在民俗里面？过年不光演戏，贴窗花、贴对子、传统的食品及传统手工技艺也是非物质文化遗产的一部分。所以民俗文化又包含所有的非物质文化遗产的内容。

运城有独具特色的河东民俗文化。在农耕文明的长期熏陶下，运城人民的生产生活丰富多彩。重文兴学，早成古风；崇教尚礼，代代传承；婚丧嫁娶，皆有礼数；衣食住行，自循章程；四时八节，尊师拜祖……近年来，全社会正在积极弘扬着

"耕读传家、崇文尚礼、吃苦耐劳、勤俭持家、包容友善、勤奋进取""六大好民风"。多角度地展示了河东特有的民俗文化。特别是在非遗申报方面，更是全力打造精品，积极争取项目，从而使运城的国家级和省级非遗项目在全省乃至全国地市级中一路领先。其中，万荣笑话、绛州鼓乐、蒲州梆子、闻喜花馍、稷山高台花鼓、新绛澄泥砚等数十上百个项目，具有不可估量的文化价值、学术价值和文化旅游开发价值。此外，运城的土特产也非常丰富，运城苹果、绛县山楂、平陆百合、垣曲猴头、闻喜煮饼、稷山麻花、芮城麻片、河津芝麻糖、弘芝驿唐豆角以及北相羊肉胡卜、永济扯面等，都是名闻遐迩的美食。

民间抬阁

河东民俗文化

河东民俗文化之

绛州鼓乐

　　新绛古来就是三晋一块文化宝地，位于山西南部，地处晋、陕、豫三省交界的黄河三角洲。今为国家历史文化名城。

　　山西是鼓乐的故乡，新绛更是鼓乐之乡，从接壤的襄汾县陶寺出土的新石器时代晚期的土鼓和鼍鼓推测，还在六千多年以前已经有了原始鼓乐。历经世代人民集体传承，唐代出现了鼎新期，并以"擂大鼓"而遐迩天下，明、清两代呈现鼎盛。史称李世民的《秦王破阵乐》曲，则发端于新绛县唐王堡；《辞海》上说"锣鼓杂戏起源于山西绛州（今新绛县）"；这里曾出土了多处宋元时的鼓乐舞俑砖雕，鼓乐在新绛县流传了千百年，至今不衰。

　　绛州鼓乐，海外亦称绛州大鼓。泛指新绛县流行的锣鼓乐、吹打乐，因新绛县昔称绛州而名。

　　绛州鼓乐凝聚和沉淀了黄河儿女千百年的传统文化，粗犷浑厚，慷慨激越，炽烈洒脱，刚劲奔放。它凭借了鼓板锣钹，管弦丝竹，特别是发挥了鼓的每个部位最佳音响，运用花敲干打，以丰富多变的音乐语汇，而将人、兽、物的形象诉诸于观众的视听，并可演译一个完整故事，被称誉为山西鼓乐艺术"三大绝"的首绝、中国鼓乐艺术中的"国之瑰宝"。在世界鼓乐艺术中，是"抢"去日本鬼太鼓专美于前的"一路奇兵"。

2003年2月，新绛县绛州鼓乐被联合国教科文组织列入首批人类口头和非物质遗产代表名录。

绛州鼓乐

河东民俗文化之

万荣笑话

万荣笑话是山西省运城市万荣县荣河镇土生土长的地方民间口头文学，它生动有趣，机智幽默，来源于人们生活中的谐趣言行，是万荣及河东地区群众的口头创作，广泛地流传于山西及全国的许多省市。

笑一笑，品一品，万荣乡土上这一道独特的"zeng"味，美得太太哩。使其万荣人这独有的"zeng""憨"表现的淋漓尽致！

万荣笑话是中国汉族民间艺术的一朵奇葩，很多人都知道山西"万荣笑话"，万荣因笑话而闻名，万荣笑话作为一种汉族民间口头文学，一种地方文化特产，被称为黄土地上的幽默之花，历来受到广大群众的喜爱和众多客人的青睐。

万荣笑话雕塑

河东民俗文化之

尧的传说

尧的传说是山西省绛县汉族民间传说之一，是我国的非物质文化遗产。尧是中国古代传说的圣王，后代传说他号陶唐，姓伊祁氏，故亦称为唐尧。

尧的品质和才智俱是非凡绝伦，"其仁如天，共知（智）如神。就之如日，望之如云。富而不骄，贵而不舒。"所以他即位以后，局面大变：举荐本族德才兼备的贤者，首先使族人能紧密团结，做到"九族既睦"；又考察百官的政绩，区分高下，奖善罚恶，使政务井然有序；同时注意协调各个邦族间的关系，教育老百姓和睦相处，因而"协和万邦，黎民于变时雍"，天下安宁，政治清明，世风祥和。

传说在尧的时代，首次制定了历法，这样劳动人民就能够依时按节从事生产活动，不致耽误农时。《尧典》上说：尧命令羲氏、和氏根据日月星辰的运行情况制定历法，然后颁布天下，使农业生产有所依循，叫"敬授民时"；派羲仲住在东方海滨叫旸谷的地方，观察日出的情况，以昼夜平分的那天作为春分，并参考明星的位置来校正；派羲叔住在叫明都的地方，观察太阳由北向南移动的情况，以白昼时间最长的那天为夏至，并参考火星的位置来校正；派和仲住在西方叫昧谷的地方，观察日落的情况，以昼夜平分的那天作为秋分，并参考虚星的位置来校正；派和叔住在北方叫幽都的地方，观察太阳由南向北移动的情况，以白昼最短的那天作为冬至，并参考昴星的位置来校正。

尧决定以366日为一年，每三年置一闰月，用闰月调整历法和四季的关系，使每年的农时正确，不出差误。由此可知，古人将帝尧的时代视为农耕文化出现飞跃进步的时代。

尧不仅有治理国家的才能，他更是一个文武俱备的君主，在诸子书中就有关于帝尧武功的传说，文治和武功俱臻美备，方见得尧之所以为古昔圣王。

《吕氏春秋·召类篇》说："尧战于丹水之浦，以服南蛮。"尧曾讨伐过南方的帮族，并亲自出征作战。

《淮南子·本经训》说："尧之时，十日并出，焦禾稼，杀草木，而民无所食。猰貐、凿齿、九婴、大风、封豨、修蛇皆为民害。"尧派羿将那些野兽杀死，并射落九日。

据说人们对尧为民除害的举措十分感激，所以拥戴他为天子。

"羿射九日"已是神话，不过其中称颂尧"兴利除害，伐乱禁暴"的意思，确实是推崇帝尧安邦治国有道，不但文治昌明，而且武功赫奕。

在关于尧的传说中，最为人们津津乐道的，应该就是他不传子而传贤，禅位于舜，不以天子之位为私有。

尧在位70年，感觉到有必要选择继任者。他早就认为自己的儿子丹朱凶顽不可用，因此与四岳商议，请他们推荐人选。四岳推荐了舜，说这个人很有孝行，家庭关系处理得十分妥善，并且能感化家人，使他们改恶从善。尧决定先考察一番，然后再行决定。

尧把自己的两个女儿娥皇、女英嫁给舜，从两个女儿那里考察他的德行，看他是否能理好家政。舜和娥皇、女英住在沩水河边，依礼而行事，二女都对舜十分倾心，恪守妇道。

尧又派舜负责推行德教，舜便教导臣民以"五典"——即父义、母慈、兄友、弟恭、子孝这五种美德指导自己的行为，臣民都乐意听从他的教诲，普遍依照"五典"行事。

尧又让舜总管百官，处理政务，百官都服从舜的指挥，百事振兴，无一荒废，并且显得特别井井有条，毫不紊乱。

尧还让舜在明堂的四门，负责接待四方前来朝见的诸侯。舜和诸侯们相处很好，也使诸侯们都和睦友好。远方来的诸侯宾客，都很敬重他。

最后，尧让舜独自去山麓的森林中，经受大自然的考验。舜在暴风雷雨中，能不迷失方向，

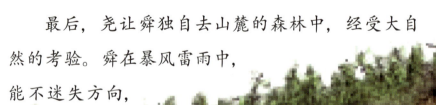

依然行路，显示出很强的生活能力。

　　经过三年各种各样的考察，尧觉得舜这个人无论说话办事，都很成熟可靠，而且能够建树业绩，于是决定将帝位禅让于舜。他于正月上日（初一），在太庙举行禅位典礼，正式让舜接替自己，登上天子之位。

　　尧退居避位，28年后去世，"百姓悲哀，如丧父母。三年，四方莫举乐，以思尧"，人们对他的怀念之情甚为深挚。

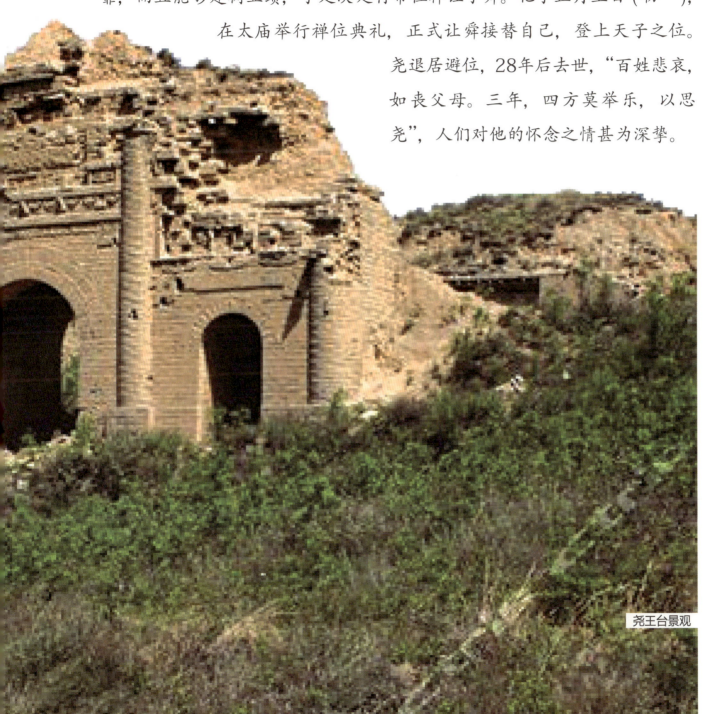

尧王台景观

河东民俗文化之

高跷走兽

　　高跷走兽艺术是山西省稷山县清河镇阳城村庙会文化活动的一种表演形式。它盛行于清朝雍正初年，出现在规模盛大的庙会活动中，经久不衰，至今已有三百多年的历史。

　　高跷走兽由兽头、兽身和表演人员组成，表演时二人足踩高跷同演骑兽状，演员负重荷，按曲牌节拍行走。辅助配乐由锣鼓、花鼓等打击乐器组成。人及兽的造形奇特，在鼓乐声中列阵行进时，气势宏伟，十分壮观。现有的走兽形象基本都由古时流传下来，虽经多次修补，原貌仍存。其兽头和兽身由技术很高的艺人做出模型，用麻丝、麻纸、细绳、细竹、铁丝、布料等缝制和绑缚而成，并涂以五颜六色，外形威武而精美。稷山县清河镇阳城村分为南、北阳城，北阳城的走兽包括：独角兽、貅狼、麒麟、竹马、猫等，南阳城的走兽包括：黑狸虎、梅花鹿、貘等。

　　高跷走兽这一民间舞蹈活动丰富了人民群众精神文化生活，增强了人与人之间的团结和谐，同时还体现了当地老百姓祈盼风调雨顺，农业丰收的美好愿望。时下，高跷走兽这一民间舞蹈活动面临青黄不接的状况，亟待采取有效措施，实施抢救和传承。

稷山高跷走兽

河东民俗文化之

锣鼓杂戏

　　锣鼓杂戏又名"铙鼓杂戏"，主要流传于晋南河东一带，与合阳的跳戏一脉相承。其起源有多种说法，据唐代贞元二年的临猗县龙岩寺石碑记载，有龙岩寺即有杂戏，按照旧俗，每逢正月，临猗县的龙岩寺都要演出锣鼓杂戏以敬神祀佛，故锣鼓杂戏又有"龙岩杂戏"之称。

　　锣鼓杂戏唱腔为吟诵形式，有少量曲牌，如【越调】、【官调】、【油葫芦】等。伴奏无弦乐，乐队由鼓、锣、唢呐组成，以大鼓主奏，同时承担乐队指挥之责，基本鼓点有擂鼓、战鼓、走鼓、刹鼓、列儿鼓、跌场鼓、行营鼓等八种。锣鼓杂戏表演程式化，动作台步亦有固定程式。演员扮演的脚色固定，家族世袭。脚色均为男性，每剧数十人。演出时，由一名身穿长袍、头戴礼帽的"打报者"引各种脚色上台至左角入坐。脚色登场用"念"的方式自报家门，举手动步及唱、吟、念、白都配锣鼓。"打报者"还负责拉前场、传令、禀报，向观众解说剧情及充当树木、石头道具，类似宋代杂剧中的"竹竿子"。锣鼓杂戏演出剧目以军事题材为主，"三国戏"尤多，流传至今的有《伐西歧》、《乐毅伐齐》、《三请诸葛》等百余种。现存有手抄本锣鼓杂戏剧目《铜雀台》等十余本，其中的《会洛阳》系乾隆十二年抄本。

　　锣鼓杂戏的音乐唱腔、表演、乐器设置及演出程式保留了宋金、元杂剧的形态，对认识了解戏曲的原生形态、了解戏曲史及其发展规律有着重要的意义。

临猗锣鼓杂戏

河东民俗文化之

蒲州梆子

蒲剧流行于山西、陕西、河南、甘肃和青海等省的部分地区，是山西四大梆子中最古老的一种。晋剧、北路梆子等都是从蒲剧派生出来的。

蒲剧，因兴起于山西南部的蒲州（今永济一带）而得名，亦称蒲州梆子或南路梆子。是晋南地区的主要剧种，临汾地区有许多古代戏剧活动遗迹，例如临汾市的魏村元代戏台、东羊戏台和王曲元代戏台等，造型逼真，表情丰富，再现了我国古代的戏剧艺术。这些实物史料证明，晋南地区戏剧活动历史悠久。

蒲剧唱腔高昂，朴实奔放，长于表现慷慨热情、悲壮凄楚的英雄史剧，又善于刻划抒情剧的人物性格和情绪。近百年来，涌现出几代著名演员。前有杨老六、孙广盛、王存才、景留根等一批，继是阎逢春、杨虎山、筱月来、张庆奎、王秀兰等享有盛名。更可喜的是一批优秀青年演员脱颖而出。全国戏曲首届"梅花奖"和全国戏曲表演一等奖获得者、青年表演艺术家任跟心，省级最佳演员、全国戏曲首届"梅花奖"获得者郭泽民，《戏剧报》向首都戏剧界和观众推荐的优秀演员崔彩彩等，是他们中间的优秀代表。特别是在我们运城戏剧人才方面，现有7位"梅花奖"获得者，他们分别是武俊英、景雪变、王艺华、闫慧芳、吉有芳、贾菊兰、孔向东；1位"二度梅"获得者即景雪变；还有15个国家一级演员，在全省是独一无二的，在全国地级市中也是名列前茅的。

蒲剧剧照

河东民俗文化之

窑洞营造技艺

　　窑洞营造技艺是中国农耕文化发展中轨迹性的传统手工技艺之一，是我国北方住宿文明的源头，也是人与自然环境争与合的历史见证。2008年，山西省平陆县与甘肃省庆阳市申报的窑洞营造技艺入选我国第二批国家级非物质文化遗产保护名录。

　　山西省平陆县地处黄河中游黄土高原地带，地势北高南低，构成了一个从中条山顶到黄河岸边狭长的向阳坡面，日照充足，温差大，土壤结构比较坚实，这些特殊的地理环境和气候条件，为当地独特的民居建筑——地窨院提供了便利。

　　地窨院又被称为"地坑院""下沉式窑院"，是由黄土丘陵区的土窑洞移植到平原地带的民居样式。地窨院的修筑方式为：在平整的黄土地面上，挖一个边长20米至30米，深7米至10米的长方形或正方形的深坑，坑底平整后再在坑的四壁挖5孔至12孔窑洞，其中一窑与坑外一斜坡形通道相联，通向地面，是人们出入的通道。在坡道与门洞连接处，用砖砌门楼，安装大门，在门洞一侧挖一拐窑，窑内挖一深20米至30米、直径1米的水井，解决人畜饮水。

　　地窨院大多为独门独院，也有一门连二院、三院的，称二进院和三进院。地窨院按形式区分，只有正方形和长方形两种；按八卦方位来分，则可分为动宅和静宅，动宅中又称东四宅，包括以东为主的震宅、以南为主的离宅、以北为主的坎宅和以东南为主的巽宅。

　　地窨院建成后可居数百年，成本几乎是其他居住形式的几十分之一，而其冬暖夏凉、防风防狼、防盗防火的特点更是其他建筑居住形式无法比拟的。

地窨院

河东民俗文化之
永济背冰

　　永济背冰是一种历史悠久的汉族民俗活动。发源并流传于永济市西南35公里处的长旺村，是一种仪仗队列式的原生态汉族民间舞蹈。因其表演形式独特，流传历史悠久，深受当地人民喜爱。

　　在背冰活动开始前先有一段小小的插曲，被当地百姓称为"逗社火"。大清早，一群10岁左右的黄河娃在大人的安排下，手敲锣鼓，怀抱公鸡，到各"社火头"家门前去耍闹，目的是督促"社火头"赶快带领大家闹"社火"。逗社火过后，就会看到一支由一名大汉扛着木檀大旗的队伍，接着五六支队伍相继接踵而来，较大的队伍在木檀大旗后面有铳队、龙虎牌、背花锣鼓队、背冰手，排在最后的是一座精致的花轿，坐轿人煞是威风。这些社火队伍在村口一片空地集中后组成大型社火队，开始游街串巷表演，领头人肩扛木檀大旗，身背闪亮的大铡刀，威风凛凛，势不可挡。经过一个多小时的行进，背冰人终于抵达了胜利的"彼岸"，把身上的冰块重重地摔在地上，预示着"背冰穿越火墙"的成功。

　　背冰受到当地群众的欢迎，得到人们的自发传承，成为春节期间代表性的风俗活动，用长旺村人的话说是"敲一年锣鼓背一次冰，今年肯定好收成"。背冰这一活动在演技上没有太大的难度，但却是在一年中最冷的时候进行，是对男性体质、力量、抵抗寒冷及意志能力的严峻考验。长旺村家家户户都要出人参与，或背冰，或背着家中最锋利的兵器，比如铡刀、大刀等，在刺骨严寒中展示着威武，通过参与这一活动，鼓励民众在任何恶劣的环境下都要有战胜困难的勇气和决心。

永济背冰

河东民俗文化之

稷山高台花鼓

稷山高台花鼓源远流长。相传远古时代，圣人后稷于山西稷山教民稼穑，开启了华夏民族农耕文明，稷山先民以鼓乐祭拜由此而生。千百年来，人们沿用这一古老的方式，祈求五谷丰登。由传统稷山花鼓发展演变的稷山高台花鼓赋予了这一传统民间艺术新的生机。

在稷山县，花鼓有着广泛的民间基础，逢年过节、赶庙会、闹红火，只要有人群聚集的场所就一定有花鼓表演。稷山高台花鼓明清时已形成规模和体系，现以桐上花鼓、东蒲花鼓、稷山安福艺校花鼓最具代表性。

稷山花鼓最初的打法是：着男式表演服装的演员为核心人物，在舞台的中心抱鼓表演，另有四个男扮女装的配角围着他表演。乐队在旁边伴奏，而且每一个段落间还配有歌曲演唱。后来，稷山花鼓由原来的清一色男演员，演变为有女演员加入一起演出，人员逐渐增多，表演形式不断改进。抱鼓的由单人变为双人双打，跑圆场的由四人增至八人、十人。自明清以来，稷山花鼓又有了质的飞跃，演员阵容壮大了，化妆、服装更为讲究，动作技巧更为丰富，高难度技巧有蹲步劈叉、鹞子翻身、凌空跃马、水中捞月、金鸡独立、孔雀开屏、秋千荡虎、倒挂金钩等，演出人员多达二三十人。特别是在表演形式上特有的高台造型，在表演到热潮时用十几条板凳叠摞起架，演员分层表演，难度加大，花样增多，现场十分震撼。近年来，稷山高台花鼓不断创新，表演时人数多达200余人，高台最高可加至11层，多次应邀上央视表演、参加国内国际各类大型活动。

稷山高台花鼓

河东民俗文化之
万荣抬阁

　　万荣抬阁起源于明末清初，距今已有400多年历史，是一种极具地方特色的民间舞蹈艺术形式，是植身于河东大地的一朵艺术之花。

　　万荣抬阁立意新颖，内容丰富，以奇制胜，以险绝伦。一出折子戏，一个故事，一段传说就是一架抬阁，妙不可言，各有特色，可达到出神入化的程度。万荣抬阁不同于一般的艺术形式，它制作工序繁多，设计复杂，物力、财力消耗大，公众参与程度高，是融多种技术于一体的综合艺术。

　　二十世纪九十年代，万荣抬阁可以说达到高峰。每年正月十五，前来看热闹的人蜂拥而来，不仅得到广大群众的赞扬，而且受到各级领导的多次好评。并受邀参加市县级的大型文艺表演活动，多次获得奖励。

万荣抬阁

河东民俗文化之

澄泥砚制作技艺

澄泥砚，与端砚、歙砚、洮砚齐名为中国"四大名砚"，主要产于山西省新绛县，是四大名砚中唯一泥砚。2008年，澄泥砚制作技艺入选我国第二批国家级非物质文化遗产。

新绛县位于山西省西南部，汾河经此西流，带来大量富含多种金属矿物质的泥沙沉积成床，得天独厚的澄泥资源，为澄泥砚的制作创造了条件，尤其为澄泥砚"窑变"为朱砂红、鳝鱼黄、蟹壳青、檀香紫等自然色彩创造了条件。

唐宋时期澄泥砚已经形成了一套系统、完整的制作工序。按照史书记载，绛州澄泥砚的制作需经过几十道工序。宋代的《贾氏谈录》和《文房四谱》中对澄泥砚的制作方法均有记载。随着时代的变迁，汾河的水流量和流速都起了很大的变化，现在澄泥砚的制作已不完全遵循古法了。主要工序为：将采掘来的河泥放置在一个绢制的箩中过滤，滤出极为细致的澄泥，经过澄泥过滤、绢袋压滤、陈泥、揉泥、制坯、阴房晾干、雕刻、砂磨、入窑烧制、出窑、成品水磨等工序，制成一方砚需一年半的时间。

澄泥砚以沉淀千年黄河渍泥为原料，经特殊炉火烧炼而成，质坚耐磨，观若碧玉，抚若童肌，储墨不涸，积墨不腐，历寒不冰，呵气可研，不伤笔，不损毫，倍受历代帝王、文人雅士所推崇，唐宋皆为贡品。武则天、苏东坡、米芾、朱元璋均有所钟，并着文记之；乾隆皇帝赞誉：抚如石，呵生津。其功效可与石砚媲美，此砚中一绝。

　　澄泥砚以"朱砂红、鳝鱼黄、蟹壳青、豆绿砂、檀香紫、为上乘颜色，尤以朱砂红、鳝鱼黄最为名贵。澄泥砚的砚体形有圆、椭圆、半圆、正方、长方、随意形的。雕式有号、耳瓶、二龟坐浪、海兽哮月、八怪斗水、仿古石渠阁瓦等立体砚。平面雕刻有山水人物、草树花卉、走兽飞禽；又有犀牛望月、台山白塔、嫦娥奔月等。

绛州澄泥砚

红色革命文化

　　运城有彪炳史册的红色革命文化。运城是一个有着光荣革命传统的地方，早在1925年就有了党的活动，1927年前后一度成为山西革命活动的中心。朱德、贺龙、徐向前、邓小平、陈赓、王震、王新亭等老一辈无产阶级革命家，都曾在这里战斗和生活，留下的革命遗址遗迹多达250多处。1947年华北野战军三打运城，给解放战争提供了城市攻坚战的典范。嘉康杰、傅作义、董其武、李雪峰、姬鹏飞、程子华以及三度飞天的"航天英雄"景海鹏等，都生长于这片红色的土地，为我们加强革命传统教育、大力弘扬爱国主义精神，留下了宝贵的精神财富。

解放运城影像

红色革命文化之

运城对抗日战争的历史贡献

　　运城是华北敌后抗战的重要战场之一，也是华北敌后抗日救援抗战时间最长的地区之一，更是为抗日战争付出牺牲、做出贡献最多的地区之一。运城民众的抗日救亡始于九一八事变，至抗战胜利历经了14年。

　　运城是八路军挺进和坚持华北敌后的重要战略通道。1937年8月至10月上旬，八路军主力第115师、120师、129师分别由陈光、贺龙、刘伯承率领，从陕西省韩城县芝川镇东渡黄河，在荣河县宝鼎、庙前村登岸，经河津县的西畅、里望(今属万荣)，稷山县的太宁、西位、小宁、翟店、太阳、西里、东里、清河、南北阳城，新绛的北侯、三家店北上奔赴山西抗日前线。9月初，中共中央军委副主席周恩来率领彭德怀、林彪、徐向前、程子华等一批中共高级军政人员，从陕西潼关坐船东渡黄河，在风陵登岸后乘火车赴太原会晤阎锡山，安排八路军各师开赴山西抗战前线的有关事宜。9月16日，八路军总司令朱德、副总参谋长左权、政治部主任任弼时、副主任邓小平等率领八路军总部经运城北上，以山西为战略支撑点，开展独立自主的山地游击战、平原游击战，逐步在华北开辟晋绥、晋察冀、晋冀鲁豫和山东等杭日根据地，形成了彼此相连、互为依托的华北敌后战场。抗日战争期间，八路军总部通往延安的交道线要从境内垣曲渡黄河后，再由龙海铁路线转赴延安。为此，1938年2月在垣曲县关家村设立八路军办事处和同善镇北垛村分站。1938-1940年，先后有刘少奇、朱德、彭德怀、刘伯承、邓小平、杨尚昆等重要领导，经垣曲兵站，往返于太行山各根据地与延安之间。同时，为华北各抗日根据地，运送了大批抗战物资。

运城是拱卫西北、西南大后方的重要战场。运城地处华北、西北和中原的结合部，是山西通往豫陕的南大门。环流这里的黄河和耸立境内的中条山，成为拱卫中原和西北、西南的天然屏障。侵华日军把这里作为觊觎潼（关）洛（阳）的桥头堡，晋绥军把这里作为晋绥的最后防线，国民党中央军把这里作为屏障中原和西北、西南的前沿阵地。太原失守后，卫立煌作为第二战区副司令长官兼前敌总指挥，将前敌司令部设置在垣曲县曲莘庄。此后，在三年的时间里，他率第四集团军、第五集团军、第十四集团军以及孔令恂的第80军、赵世铃的第43军等部，在中共地方党组织领导的人民武装、八路军游击队的配合下，十余次粉碎了日军对中条山的残酷扫荡，使日军无法跨过中条山进窥潼洛，保卫了中原、西北及西南大后方的安危。仅杨虎城部在中条山西段驻防两年零四个月，以2.1万余人的牺牲，守卫了中条山阵地，破誉为"中条山的铁柱子"。

红色革命文化

117

红色革命文化之
王鸿钧与河东党组织

在中国共产党早期发展历史中，有一位颇有名气的共产党人，他就是运城地区的早期建党活动家——王鸿钧。

王鸿钧 (1909—1929)，字秀民，猗氏县 (今属临猗县) 楚侯村人，早期中国共产党人。民国13年 (1924)，由高君宇介绍加人社会主义青年团，次年下半年由团转党。不久，经中共北方局党委批准，成立太原地方执行委员会，王鸿钧被选为执委委员、组织部长。年末，中国国民党临时山西省党部在太原成立，鸿钧与彭兆泰、王瀛、孙真站、朱志翰等人以个人名义加人国民党，鸿钧担任了国民党省部执行委员及农民部长，为他今后以合法形式进行党的活动提供了很大方便。民国16年夏，由于全省党员激增，经请示中共中央批准，改组太原地方执委为山西临时省委，王鸿钧任委员兼组织部长。此时，阎锡山在"四·一二"反革命政变后遵从国民党中央命令，于六七月间改组山西省国民党党部，共产党员在国民党中的席位不仅被取消，而且还通缉包括鸿钧在内的13名共产党员。恰巧王鸿钧此时正在武汉向党中央汇报工作，未遭毒手。深秋，鸿钧三下河东，与河东特派员郭巨才取得联系，在夏县下留村小学召开了河东南部13县代表紧急会议。传达了党的"八·七"会议精神，批判了陈独秀的右倾投降主义错误，布置了党的活动与发展路线。会后，他与郭巨才、冯天祥等人先后在夏县四辛庄学校和安邑的壕头、李村等地建立了农运工作据点，并在这些地方设立农民夜校和农运讲习班。返回祁县后，适遇中共北方局派戎子桐来山西恢复党的组织，研究决定：王鸿钧代理山西临时省委书记。民国18年2月，山西临时省委扩大会议在霍州城东的一所破庙里召开，会议由王鸿钧主持。会上，成立了新的中共山西省委，鸿钧被选为省委宣传部长和出席党的全国"六大"代表。5月，与赴中央请示工作的汪铭同行到河南时，听到山西省委秘书长关广荃叛变，山西党组织又一次遭到破坏的消息。经与河南省委研究，决定重返山西恢复党的组织，鸿钧由运城到霍州，找到李光杰、阎先念等人，由王鸿钧主持通过基层组织选举，重新恢复了山西省委。

1928年6月，王鸿钧调中央工作，中央派他到莫斯科参加党的"六大"会议，但在苏联却不幸因"托洛茨基嫌疑"问题被捕，在狱中去世，时年仅19岁。

红色革命文化

红色革命文化之
烈士嘉康杰

嘉康杰烈士

嘉康杰 (1890—1939)，又名寄尘，夏县其毋村人，著名的革命活动家和教育家。早在清宣统年 (1911) 辛亥革命时就参加了晋军第五路招讨大都督李岐山部，随之南征运城，北攻临汾。民国6年 (1917) 起，康杰先后就读于太原山西省义农业专科学校、日本东京明治大学法科、北京大学政法学院。民国10年，第二次赴日留学，民国22年，先后在夏县、运城、太原、临汾等地，创办小学1所，中学6所，培养进步青年近千人，

不少学生后来参加了革命，成为党的领导骨干，嘉康杰的办学思想一开始就十分明确。阎锡山及山西当局知道他的目的就是要推翻军阀统治，革封建专制的命，因而，至民国22年，康杰所创办的学校全部被查封。中共河东地方党组织创建于民国15年，由于"左"倾路线的影响，党组织两次遭到破坏。次年，嘉康杰人党。民国18年后半年，河东特支书记范希蠡被捕，

这时在河东地区坚持革命斗争的只有嘉康杰领导的中山中学党支部。民国19年，由于上级组织遭到破坏，河东党组织与上级失去了联系，嘉康杰亦遭到通缉。他被迫离开中山中学，专门从事党的工作，独立撑起河东党的危难局面。经过一段时间的努力，先后恢复了夏县、安邑、解县、虞乡、临晋、永济、闻喜、新绛、绛县、垣曲和襄陵等县的党组织，发展党员40多人。同年夏，新建立河东中心县委，嘉康杰担任书记。不久，中共北方局决定在山西组织10万红军，建立苏维埃政权，把山西建成"江西第二"。并在河东地区恢复河东特委，由原山西特委书记习从真任书记，嘉康杰任河东特委组织部长。习从真因病离去后，河东地区党的工作实际上由康杰负责。民国28年（1939）冬，晋冀豫党代会召开，嘉康杰被选为七大代表。当时，阎锡山发动"十二月事变"，嘉康杰返回晋南后，准备向中心县委传达会议精神，赴平陆时，途经夏县武家坪村，被国民党军统特务李玉安派人杀害，不幸牺牲，时年49岁。为了悼念嘉康杰同志，1952年10月14日，毛泽东主席在《革命军人牺牲家属纪念证》上题写："嘉康杰同志在革命中光荣牺牲，丰功伟绩，永垂不朽！"

《新华日报》于1940年1月17日发表《悼念嘉康杰同志》的文章，高度赞扬了嘉康杰为革命奋斗的精神和做出的贡献。后来，中共夏县中心县委警卫部队被命名为"八路军康杰支队"。1952年5月1日，为了纪念嘉康杰烈士这名晋南地区最早的共产党人，山西省人民政府将"山西省运城中学"命名为"山西省康杰中学"。2006年4月23日，中央一台黄金时间在"永恒的丰碑"栏目里对嘉康杰事迹作了介绍。

嘉康杰从事革命活动雕塑

太岳三分区宣传队遗址

红色革命文化之

杜任之与牺盟会

杜任之遗像

杜任之是中国民主革命时期著名的战士式学者，哲学家，万泉县解店镇七庄村（今万荣县城关镇七庄村）人。原名杜勤职，又名杜力、力夫。清光绪三十一年（1905）生于一个地主家庭。

杜任之早年就读于太原一中、北师大附中，后进入上海复旦大学土木工程系。1927年11月革命低潮时他加入中国共产党，并于次年受党的委派到国民党军队中进行"兵运和兵暴"工作。党中央给他的指示是："长期潜伏在敌人阵营里做革命工作，除非生命危险，不能擅自离开"。广州起义之后，他在《太阳月刊》发表长诗《血与火》，歌颂起义者。鲁迅曾当面对他说："你的诗作已走出'象牙之路'越过'十字街头'，方向似乎是对的，努力前进吧！"

1928年杜任之赴德国留学，先后在柏林大学、法兰克福大学攻读化学、哲学和社会学，并参加了反帝国主义同盟。1933年回到上海后，即被上海反帝同盟总部派到山西策动抗日工作。1936年，杜任之和山西一些进步人士发起组织了牺盟会，被选为临时执委会委员，积极开展抗日救亡宣传活动。

牺盟会全称为山西牺牲救国同盟会，于1936年9月18日在太原成立。它是山西地方国民党政权与共产党合作的产物，阎锡山最初任会长，但最终其控制权被中共获得。牺盟会的发起人正是隐蔽在阎锡山政府机关和各社会团体中的共产党员和进步人士杜任之等。他们随后成立了山西新军的第一支部队——山西青年抗敌决死队。牺盟会和山西新军迅速发展壮大，在山西以至华北的抗日斗争中创造了光荣的业绩。在此期间，杜任之曾受命到临汾参与组建抗日民族统一战线性质的"民族革命大学"，并担任教务主任，边教学边宣传抗日，培养了大批抗日骨干。后因有人向阎锡山告密，说杜任之"瓦解军队"、"企图组织兵变"等，被软禁了十个月。软禁解除后，杜任之担任山西大学法学院院长，讲授社会发展史和唯物史观。1948年，杜

杜任之及夫人之墓

任之转到北平，担任华北学院教授兼政治系主任。北平解放前夕，他利用与傅作义的私交积极参与争取和平解放北平的工作。北平解放后，杜任之任辅仁大学教授。

建国后，杜任之历任山西省人民政府委员、山西大学财经学院院长、山西省商业厅厅长等职、北京中国科学院编译出版委员会副主任兼党组书记、中国科学院哲学研究所任研究员等职，创办并主编了《哲学译丛》。之后，杜任之不顾年迈体衰，担任社会学研究会副会长、政治学研究会副会长和中国现代外国哲学研究会会长，继续为中国的文化建设事业服务。

杜任之一生始终坚持真理、不畏权势、敢说真话。作为学者，杜任之一生著述丰硕，代表作有《孔子论语新体系》、《孔子思想精华体系》、《当代英美哲学》、《现代西方哲学的基本特点》、《论主观能动性》、《全面开展社会学研究，为社会主义服务》、《关于现代西方哲学研究和批判方法论问题》，他还主编了两卷本《现代西方著名哲学家述评》等，编译了《分析的时代》等。

1988年11月27日，杜任之因病在北京逝世，终年83岁，党和国家领导人彭真、薄一波、习仲勋等与知名学者为他送了挽联、挽幛和花圈，其中一幅挽联内容是：是战士、是学者，受命病危，龙潭虎穴建功勋；为祖国、为人民，毕生尽瘁，奋斗终生存晚节。

杜任之旧居

红色革命文化之

"无冕大将"程子华

程子华遗像

程子华（1905—1991），山西省运城市解州镇人。程子华是中国共产党优秀党员、无产阶级革命家、我军卓越的指挥员和政治工作者，也是建国后我国经济战线的杰出领导者。程子华是一位征战半生的著名将领，在长期的革命战争中立下了不朽的功勋，开国上将宋任穷曾称赞他是我军一位屡建战功的著名高级将领。不过，建国伊始，他就较早离开军队从事经济和地方等工作，成为经济战线领导人。由于程子华是我军16个兵团司令里唯——个没有授军衔的，无缘于四野十虎将的评选，因此成为一位"无冕大将"。

程子华的一生可以说是中国近代革命史的一个缩影。1927年蒋介石叛变革命以后，程子华同志积极参加了讨伐叛军夏斗寅的战斗，随后参加了广州起义。广州起义失败后，他参加了保卫海陆丰苏维埃政权的斗争。1929

年后，他到国民党军队岳维峻部做兵运工作，成功地发动了大冶兵暴，壮大了鄂东南革命根据地的力量。

1931年4月，他到中央苏区工作，历任红35军307团团长、独立三师师长、红五军四十师师长、四十一师师长兼政委、十四师师长、二十二师师长、粤赣军区代参谋长等职，参加了第二到第五次反围剿斗争。在反围剿斗争中，他运用毛泽东同志的战略战术，深入发动群众，诱敌深入，消灭敌人的有生力量，表现了卓越的军事指挥才能，被中华苏维埃政权授予二等红星奖章。

在红军长征中，他率部于1935年初到达陕南，开辟了鄂豫陕革命根据地。后担任鄂豫陕省委代理书记、红25军政委。1935年7月，红25军西出甘肃，钳制敌军兵力，有力地配合了中央红军北上。长征结束后，他任红十五军团政委，参与指挥了劳山战役、榆林桥战斗，巩固、扩大了陕北革命根据地。

西安事变以后，党中央为了建立和扩大抗日统一战线，派程子华同志到第二战区民族革命战争战地总动员委员会工作，任党团书记兼人民武装部长、中共中央北方局委员。他积极发动群众，扩大抗日武装，同阎锡山的反共政策进行了有理有利的斗争。1938年7月4日，毛泽东和刘少奇曾致电程子华说："动委会工作已获得很大成绩，望在各方面进行巩固。"并对他带病工作表示慰问，还说要补贴他100元钱看病，但程子华觉得中央经济上很困难，没有要这100元钱。

解放战争时期，程子华在1947—1948年的秋、冬、夏季攻势中，消灭了华北敌军大量的有生力量，指挥了隆化战役，解放了热河全省。在此期间，程子华还树立了英雄董存瑞的形象。1948年5月25日下午4点多，隆化战役胜利结束后，程子华来到隆化城视察战果，当走到隆化中学前面时，只见一个班的战士在那里恸哭，他便上前询问："为什么打了胜仗反而哭呢？"战士呜咽着告诉他："我们的班长董存瑞为掩护全连冲锋，只身托住一包黄色炸药炸掉了一个横跨在旱河上的桥形碉堡壮烈牺牲了。"战士还说，他们在战场上找了半天，最后只找到了一只鞋子，像是班长董存瑞的，现在大家正对着这只鞋哀悼他们的好班长。"程子华听后十分震撼，他让秘书连夜到董存瑞所在的部队里去，搜集有关董存瑞的事迹，并亲自写下《董存瑞同志永垂不朽》一文，表彰他的英雄事迹，要求《群众日报》头版头条刊登，还要写一篇社论颂扬，董存瑞从此被树立为全军学习的榜样。

1948年9月，程子华参加了辽沈战役，组织指挥了著名的塔山阻击战，成功地阻击了敌人从葫芦岛和锦西增援锦州的部队，对我军取得锦州战役的胜利、确保对东北敌军形成关门打狗之势，起了重要作用。1948年10月，他任东北军区第二兵团司令员。11月初，奉命先遣入关，协同兄弟部队，重创了敌军的主力，对北平形成了包围态势。北平解放后，任北平警备司令员兼政委。

新中国刚刚成立，中央即任命程子华同志为山西省委书记、省政府主席、省军区司令员兼政委。他从此结束了长达22年的戎马生涯，投身到新中国的建设事业。

在山西工作期间，程子华同志重点抓了人民政权建设和经济建设工作，并把军队的协同作战和思想政治工作经验运用到各部门的工作中去。1950年10月以后，他调任全国合作社联合总社副主任、主任、党组书记，1956年任国务院财贸办公室副主任，1958年任商业部长、党组书记，中华全国合作社联合总社干部学校校长（1950.7-1954.7）。1960年任国家建委副主任、党组副书记，1961年任国家计委常务副主任、党组副书记，1964年后任中共中央西南局书记处书记兼西南三线建委常务副主任，在极端困难的情况下，艰苦创业，写出了长达万言的《关于西南三线建设的情况总结》。这是一份珍贵史料，周恩来同志曾给予高度评价。

"文革"以后，他又再次大改行，担当了民政部长的重任，为恢复社会秩序、安定人民生活和保障社会主义建设事业，作出了新的贡献。1983年6月，他当选为第六届全国政协副主席。1991年3月30日22时11分，程子华同志因病医治无效于北京逝世，终年86岁。

程子华旧居

红色革命文化之

新中国空军奠基人常乾坤

常乾坤遗像

常乾坤于1904年出生在山西垣曲县王屋山下的下亳村一户农民家里。17岁那年，他背着干粮，带着父辈们的众望，走出垣曲大山，走出运城，风尘仆仆来到太原街头。没有钱念中学和师范，他只好报考免费的晋军学兵团(也叫斌业中学)，这所学校实际上是阎锡山的一个初级军官学校。在学校，他接受了民主革命的影响，考入黄埔军校第三期。1925年7月，常乾坤在黄埔军校受到中共党组织的重视和培养，由范洪亮、曹汝谦介绍加入中国共产党。一九二六年考入广州航空学校，后又作为学校的代表，由当时的国民政府派往苏联学习飞行。

常乾坤在黄埔军校学习成绩名列前茅。当时国共合作，孙中山先生创办的广东航空学校开始招生。而学习飞行是非常高深莫测的，且要花一大笔学费。常乾坤是不敢奢望的。一位有钱但成绩不好的同学拉他去替考，结果那人以"优异"的成绩被录取了。后来，那人听说学飞行危险性很大，又不想去了。周恩来同志知道了这个情况，找常乾坤谈话，问他："你愿不愿意学航空啊？"常乾坤非常高兴说愿意学，但是没有钱念不起。周恩来支持他学习，并告诉他："组织上帮助你"。就这样，常乾坤带着党的嘱托迈进了学习航空知识的大门。之后，他又被组织安排赴苏联学习。在苏联，常乾坤主要是学习航空理论，比较系统地学习了空中领航学和空中射击学等专业知识。1930年1月，常乾坤进入苏联空军独立航空队，开始认真地对待每一次飞行，一直保持了优异的训练成绩，成为中国共产党几个最早的飞行员之一。

抗日战争爆发后，为了赶赴国内参加抗战，常乾坤没有等到茹考夫斯基航空工程学院的毕业典礼，就匆匆告别了年轻的苏联籍妻子和孩子回到了祖国，先后任迪化（今乌鲁木齐）新兵营航空理论教员、八路军航空工程学校教务主任、中国人民抗日军政大学第三分校大队长、延安军事学院大队长、军委俄文学校编辑处处长、军委总参谋部高级参谋。1941年2月，常乾坤等向中共中央提出在延安成立航空学校的建议。毛泽东主席非常重视，亲自接见并给予鼓励。中央军委根据常乾坤等的建议和当时延安的条件，做出了成立第18集团军工程学校的决定，校址在陕北安塞，并指定常乾坤等负责建校筹备工作。

解放战争时期，在常乾坤等人的奔走努力之下，东北民主联军航空学校于1946年3月1日在通化正式成立。这是中国共产党、中国人民解放军历史上的第一所航空学校，习称东北老航校。在开学典礼上，通化军区司令员何长工代表中共中央、中央东北局讲话，并宣布了航校领导班干部的任职命令，通化军区后方司令员朱瑞兼任校长，常乾坤为副校长、军委航空局局长。

1949年初，为了使党中央、中央军委具体了解东北航校的建设情况，常乾坤、王弼于3月上旬从北平乘汽车到西柏坡向中央首长汇报。当常乾坤等谈到东北创办的这所航校所走过一段艰苦历程，并取得了很大成绩。毛主席兴致很浓，听得入神。当常乾坤汇报到航校已经培养出空、地勤人员500多名时，毛主席高兴地连声称赞说："了不起！了不起！"周恩来副主席则眉飞色舞地说：我们的学生很不错嘛！为党争了气，立了功（常乾坤在黄埔军校学习时，曾是周恩来的学生）。

中华人民共和国成立后，常乾坤先后任中国人民解放军空军副司令员兼训练部部长，中国人民志愿军空军副司令员，中国人民解放军空军副司令员兼空军学院副院长、空军工程学院院长和政治委员、空军军事科研部部长。一九五五年被授予中将军衔。曾获得一级解放勋章和二级独立自由章。

1971年4月，常乾坤感到身体不适，但仍坚持工作，关注新型飞机的研制。1973年5月20日在北京逝世，终年69岁。常乾坤为新中国空军事业的创建和发展奋斗到了生命的尽头。

解放运城攻坚战

透过历史厚重的帷幕，六十多年前发生在运城的一场歼灭战，似乎又把我们拉回到战争年代的炮火硝烟中。

1947年，人民解放战争迎来了一个新的阶段。

国民党军对解放区的全面进攻严重受挫后，不得不改为重点进攻。在晋南运城地区，胡宗南加紧设防，囤积物资，以此作为策应西北和中原战场的重要据点。因此，我军在晋南地区发动攻势，占其要点，歼敌有生力量，就能威胁胡宗南的后脊，配合陕北我军作战。同时，攻打运城也是我军完成战略展开任务的重要一步。党中央计划在完成对国民党军队的重点进攻之后，由刘伯承、邓小平同志率晋冀鲁豫野战军主力突破黄河天险、千里跃进大别山；由陈毅同志率华东野战军主力挺进豫皖苏地区；由陈赓、谢富治率西路兵团自晋南强渡黄河，挺进豫西。因此，攻打运城能有力地支持下一步反攻战略任务的开展。

综合以上情况，为了歼灭内线敌人，策应外线作战，完成战略展开的任务，我军于1947年5月至12月，曾三次攻打运城。可以说，运城战役是解放战争由战略防御转入战略进攻后，在山西内线进行的第一个战役。

1947年，在我解放区军民打击下，晋南残敌纷纷猬集运城，有敌正规军一万余人，土杂武装数千人，还有阎锡山政权机构的三个专署，16个县政府。守敌以永久性、半永久性工事结合，明碉与暗堡结合，还设有副防御工事，火力配备也较强。

第一次攻打运城是在1947年5月。根据军委命令，我军在晋南发动的攻势作战中，至4月25日，先后解放了除运城、安邑、夏县以外的19座县城以及广大地区，并控制了风陵渡和禹门渡口，歼敌16400余人。4月26日，

利用战壕向前运动

中央军委和毛泽东同志指示晋南我军：应乘胜相机夺取运城，彻底解放晋南三角地带，并以一部向吕梁山地区扩张战果，协同吕梁部队解放吕梁南部广大地区，继续威胁陕北敌之侧翼。根据这一指示，我军首先以第十旅攻占羊驮寺飞机场，歼灭守备机场之敌军，吸引运城守敌出援，并歼敌于野外。

5月3日四时，第十旅部队开始向飞机场守敌发起攻击。当日中午占领机场，守军大部被歼，运城守敌随即处于被包围状态。但敌人只顾孤守，不敢出援。我军决定夺关作战。经过连续四天的反复争夺战斗，歼敌千余人，

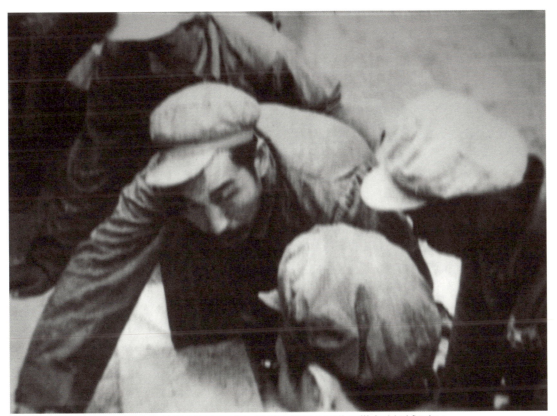

王震亲临前线指挥所周密布置战斗任务（西北二纵主攻运城西门）

红色革命文化

王震在前线指挥战斗

击落敌机一架。至10日，我外围攻关作战的各部队，占领了运城的西、北两关，并将东、南方向的攻击要点全部控制。这时由于全国战局需要，陈赓同志奉命率四纵队南渡黄河，挺进豫西，执行战略反攻任务。我军主力遂于12日主动撤离，暂时停止对运城的围攻。

1947年7月，刘邓、陈谢两路大军先后横渡黄河，挺进鲁西南和豫西，转入外线作战，迫使敌人由战略进攻转入战略防御。为了更有力地配合外线我军作战，肃清内线敌之残留据点，我军决定第二次围攻运城。晋冀鲁豫军区副司令员徐向前整合当时晋冀鲁豫军区、太岳军区部队，由王新亭担任第8纵队司令从东、西、北三面包围运城进行攻坚战。

当时，守卫运城的敌军共计一万余人。敌人的城防工事较强，外围以高碉、低碉、野战工事，组成交叉火网，以十二三米高的砖石结构的坚固城墙，深宽各八米的护城外壕，加上城墙上、城墙中、城墙外筑有大量明暗火力点，构成护城火力网。故敌人把运城的设防称之为现代化城防工事。

10月8日，我军遵照中央军委和晋冀鲁豫军区首长徐向前的指示，以第八纵队之二十三、二十四两旅、吕梁军区独三旅、太岳军区第三军分区基干团等部队，从东、西、北三面包围了运城。开始了第二次攻打运城的作战。主要目的是通过攻打运城，锻炼部队的攻坚能力，为尔后继续攻克临汾、太原等具有坚固设防的城市积累作战经验。

虽然当时我们部队的技术装备很差，只有三门旧山炮，但是部队打得非常顽强，在外围作战中，各部队连续向敌人发动攻击，经过激战，很快攻下了运城外围七个据点碉堡。但正当我们扫清登城障碍，准备发起攻城之机，敌情突然变化，胡宗南部将原拟向南调去陇海路增援的钟松第三十六师四个旅撤回，调头向北渡黄河，增援运城守敌。据此，经请示晋冀鲁豫大军区和军委批准，我军又主动撤离运城，集中兵力至平陆的杜马原迎击援敌。援敌3700余人被歼灭后，残部窜进运城与守敌会合，再加上运城守敌破坏了我军原来的攻城阵地，给我军第三次攻打运城制造了困难。

11月22日，毛泽东、军委发来电报指示："攻运未克，打援又未全歼，在指战员中一时引起情绪不好，是很自然的。但我军精神很好，一、二次打不好并不要紧，只要你们虚心研究经验，许多胜仗就在后头，望将此意向指战员解释。"攻城部队因此而深受鼓舞，士气很旺盛，积极请战，要求"三打运城"，得到上级的同意。

第三次打运城前，守城敌军情况是：胡宗南派钟松部前来增援解围运城，经我阻击消耗，只是把二五零团的一个营和土匪头子雷文清残部，护送进运城。加上原在城内的敌人，运城共有胡宗南两个团一个营，阎锡山部三个团和其它土顽部队，共有13000余人，各种火炮近百门，轻、重机枪340余挺，火力配备严密，工事较前加强，但是敌人的士气低落，而我八纵队有二纵队的并肩作战，攻下运城信心很大。

徐向前亲自指挥部队进行第三次运城战役，毛泽东特意指示要严防黄河南岸的胡宗南部北上。根据敌情地形，我军决定以西、北两面为主攻方向，东、南面为助攻方向，实行四面围攻，并派太岳军区三个团于茅津、太阳、沙窝、风陵、吴王等渡口，担任阻援任务。

第三次攻打运城于12月16日晚开始行动，具体战斗行动计划是：第二纵队两个旅，由运城西关至马家窑段攻击突破；第八纵队两个旅，独三旅两个团，由老北门攻击突破。

17日，天慢慢黑下来了，担负攻击任务的各部队，向运城城郊开进。先头各团，以突然袭击手段向敌攻击。但是，外围攻击战是曲折复杂的，起初并不顺利。22日晚，纪念塔以北的方形碉堡和敌人的两处阵地同时被攻占，守敌全部被歼，为我军接近敌人城垣和攻城创造了有利条件。

23日，独三旅攻占纪念塔，八纵队二十三、二十四旅爆炸护城碉，二纵四旅攻占运城西关。至此，敌人在运城西、北两面的登城障碍全部被扫除。

我军原定25日攻城，但23日接到情报：在黄河南岸的胡宗南的四个旅，准备北渡黄河，向运城增援。为了避免重蹈前次攻打运城的覆辙，使部队再受重大挫折，我军决定赶在援敌到来之前将城攻破，把守敌歼灭。兵贵神速，事不宜迟，二纵队、八纵队于24日提前分别从城西、城北发起总攻，以城北为主攻。两个方向的突击部队都采用云梯和跳板登城的办法向守城敌人猛攻，但由于攻击提前，准备仓促，两次攻击均未成功。我军决定向城根底下进行坑道作业，以便爆破，但时间紧迫，坑道作业距离不能太长，只能跳进敌人火力严密封锁的外壕内，进行强行挖坑道了。因为二十三旅在打曲沃县城时，曾经用过坑道爆破，指挥部便决定让二十三旅担负这一艰巨任务。当时，胡宗南四个旅援兵的先头部队已经渡过了茅津渡，离我军越来越近了，因此，必须在一天的时间内，完成坑道爆破城墙的任务。

这天晚上，风雪交加，寒气袭人。刘明生等十位战士背着门板和湿被子防御敌人子弹，带着作业工具和同指挥所联系的绳子，分作三个战斗小组行动。第一战斗小组和第二战斗小组都在火力掩护下跃进时失去了联系，第三战斗小组提出："不用火力掩护，免得暴露目标；也不再背门板和湿被子防弹，身子也灵便些。"团里同意了这个建议。第三小组便悄悄地向外壕方向爬去了，果然出敌意外，顺利地摸进了外壕，同先前进到外壕内的其他战士会合了。战士们在刺骨寒风和冰冷泥浆中迅速挖掘坑道，敌人还不时地往外壕扔一阵手榴弹和手雷。进到外壕里挖坑道的同志大部分负了伤，个别同志牺牲了，剩下的同志，带着伤，艰难地而不停地进行坑道作业的战斗，携带的工具施展不开，就用双手刨，最终，战士们经过彻夜的努力，终于在拂晓前，挖成了5．5公尺长的坑道和可容纳3000公斤炸药的药室。27日黄昏，爆破队仅用40分钟就完成了3000公斤炸药的传递和装填，并按预定时间发起了总攻。此时，一声巨响，震天动地，城墙被炸开20多公尺宽的斜坡，二十三旅和二十四旅勇猛攻进城去，随后二纵队的一部分部队也从西门绕到北门攻入城内，同时留在西门的二纵队主力，接着也搭云梯从西门进城。几支部队攻入城内后，经过激烈巷战，当夜将守敌13000余人全部歼灭，解放了晋南重镇运城，缴获大批武器弹药和其它军用物资。

运城攻坚战，就这样经过连续艰苦的作战而获得了完全胜利。

对于运城战役的意义，新华社当时发表的社论指出："此次战役，有力地配合了刘邓、陈粟、陈谢三路大军对平汉、陇海两路的突击战，同时也证明我大军打到外线后，我内线兵力还很强大。不但能拉住它，而且能反攻并消灭它。"徐向前也曾具体指出：运城战役"可以说是攻坚战的典型歼灭战"，"在精神上摧毁了敌人防守这种城市和固守据点的信心，这个作用是非常大的。"

从这里出发

（词：黄勋会）

世纪曙猿，西侯圣火，
人类远古文化 从这里出发。
嫘祖养蚕，后稷稼穑，
农耕源头文化 从这里出发。
尧天舜日禹甸，这里最早叫中国，
黄河根祖文化 从这里出发。

关圣吕仙，三教共拜，
宗教信仰文化从这里出发。
蒲州梆子，绛州鼓乐，
河东民俗文化 从这里出发。
红军东渡黄河，堆云洞里星火燃，
红色革命文化 从这里出发。

从这里出发，从这里出发，
五千年文明一路光华。
从这里出发，从这里出发，
古中国大运城走遍天下。

运城 六 大文化掇英